部下との1on1の前に
知っておいてほしいこと

静かに退職する若者たち

金間大介

PHP

序章

「笑顔の1on1ミーティング」の翌週に辞める若者

突然の退職代行サービスからの連絡

「いきなり退職代行サービスから電話がかかってきて驚いた」

去年あたりから頻繁に聞くようになった話である。

「新人の彼とは、それなりに意思疎通できていると思っていたのに……」という上司の戸惑いの声とセットで聞くこともある。

特にショックが大きかろうと思えるのが、

「1on1ミーティング（以下、1on1）をした翌週に退職代行サービスから連絡が……」というケースだ。


もちろん1on1では「辞めたい」という話は全くなかった。正直、そんなことを考えているなんて想像すらしてなかった。

それでも、本当に退職の予兆はなかったのか。消えかけている記憶を辿（たど）る。

定例の1on1だっただけに、基本的に当たり障りのない話がメインだったように思う。「傾聴せよ」という原則に従って、最近の仕事の進め方とか在宅勤務のバランスなどについて、思うところを話してもらっただけだ。

唯一、気になったのは異動希望について話したときだ。しかし、

「今すぐ異動したい、というほどのものではないんですけど……」

「一応、開発部への希望を出させてもらっています」

というニュアンスが続いたので、これも言葉通りに受け取っていた。

日常業務における印象は、特に目立つ方ではないものの、素直で、物事の理解が早く優秀だったと思う。

彼の同期を何人か知っているので、話を聞いてみたところ、1人だけが今週辞めるということを知っていた。ものすごく申し訳なさそうに打ち明けてくれたが、もちろん彼には何の責任もない。

わかったことは、少なくとも同期ですらほとんど知らなかったということだ（彼らが嘘をついていないという保証はないが——）。

人事から彼の退職意向の連絡を受けたとき、実は真っ先に頭に浮かんだ関係者がいる。彼のメンター役で、非定期の1on1をやってくれている3つ上の先輩だ。

それなりに対話できている、と報告をもらっていたし、自分から見ても比較的仲は

良さそうだった。だから、もしかしたら彼は知っていたのかもしれない。

だとしたら、どうして一言言ってくれなかったのか。

と、責めたくなるような気持ちが湧いてくるが、本人から他言しないように言われていたのかもしれないし、そもそも1on1の内容についての報告義務は一切ない。

どう尋ねるか逡巡（しゅんじゅん）しながら話しかけたが、メンター役の回答は「こんなにすぐ辞めるとは思ってなかった」ということだった。

もしかしたら知ってたんじゃないのか。だとしたら、どうして言ってくれなかったのか。

と、詰め寄りたい衝動をかろうじて抑える。

もし何らかの相談を受けていたとしても、それをどう上司に言っていいかわからなかったのだろう。告げ口みたいな形にもなってしまう。その意味では、メンター役をやってくれたこの先輩こそ、いま最もケアすべき対象だ。

あるいは、先輩の方から退職や転職を勧めていた可能性もある。「辞めるなら早い方がいいよ」というアドバイスは、よくあることだ。だから「こんなにすぐ辞めるとは」という感想に繋がっているのかもしれない。

仮に、彼らの間で退職や転職を勧めあうような会話が常態化しているとしたら、若手同士のメンタリング制度も、会社にとっていいことばかりではないのかもしれない——。

いずれにしても、不満があるのならなぜ1on1の場でそう言ってくれなかったのか？

なぜ、何も告げずに辞めていったのか？

いったい、今の若手は何を考えているのか？

心にひっかかった「1on1への違和感」

ビジネスシーンにおいて1on1が定着して久しいが、大学の現場でも1on1はごく日常だ。個別面談という名の下、ほぼすべての大学がはるか前から実施している。

最近では、その対象や頻度が増えているところも多い。初年次教育の重要性が年々高まっていることが背景にある。勉学や大学生活における課題をなるべく早く共有することで、不本意な形で登学できなくなることを未然に防ぐと同時に、対話を通して自らの目標を見つけてもらうことが目的となる。

面談の仕方に関するガイダンスも年々分厚くなった。訊く姿勢、訊くべき内容、訊かぬべき内容、その他通り一遍を頭に入れての面談だ。

最初の頃は、こんなに制限されたら何も質問できないね、なんて笑っていたが、今では笑う人の方が非常識、という時代だ。


僕が初めて学生と個別面談をしたときは、まだそこまで制約だらけではなかったが、やはり窮屈ではあった。

「入学して半年が経ったけど、調子はどう?」と訊くと、

「アパートの隣の部屋がうるさくて、夜寝られません」と言う。

「何か困ったことはある?　勉強以外でも何でもいいよ」と訊けば、

「彼氏が2万円の古着を買ってきて、それを着て○角(焼肉屋さん)に行こうとする」

と言う。

だから僕は「俺だってそんな高いシャツ着たことないぞ。そんなシャツ、カルビと一緒に焼いちゃえ」と言う。

いや、言わない。

言わないかわりに「喜んで!」と言って相談に乗る。

そんな他愛ないやり取りを、当時の同僚に「不毛だ」と話したら、意外な回答が返

ってきた。

「そんな風に話せる学生がいるなんてラッキーじゃん」

どうしたら「不毛」が「ラッキー」に変換されるんだ。

と、聞いた瞬間は思ったけれど、よく考えれば正論だとわかった。

確かに2万円シャツの学生とは、それ以外のエピソードも色々と共有できた。過去のことはもちろん、ぼんやりした将来のことも。そして、僕自身のことも。

逆に、その他のほとんどの学生の方が、僕にとっては違和感の残る面談となった。

ちゃんと話せなかったか、と問われれば、そんなことはない。

でも、明日以降の関係性に変化をもたらしたか、と問われれば、極めて怪しい。

学生は皆、研究室に入ってくるときは緊張していた。僕が指示するまで席に着こうとせず、席に着いてからもリュックを抱えるように話す学生も何人かいた。

緊張するのは当然だ。そんなときはアイスブレイクだ。

「雨すごかったでしょ。濡れたんじゃない？」と話を振ってみる。

「あ、いえ、大丈夫です」という答えが返ってくる。

その後の平均20〜30分程度の面談で、一人当たり平均3〜4回は笑うシーンがあった。

でもその笑いは、よく思い返してみると、すべて僕が笑ったあとだった。

お約束みたいな「茶番1 on 1」

僕が笑ったから、学生は笑った。

思い返せば、面談した多くの学生が受け身のコミュニケーションだった。

「何かあるか」と訊かれたら、「大丈夫」と答える。

「勉強は？　大変だと思う科目はない？」と訊かれたら、「数学演習はちょっと難しいです」と答える。

「私生活の方は？　地元、離れるの初めてでしょ？」と訊かれたら、「そうですね、でも夏休みには親が来るので大丈夫です」と答える。

「アルバイトは？」と訊かれたら、「2カ所でやってます。あ、でも合わせて週4くらいなので大丈夫です」と答える。

僕が訊いたから、答える。嘘にならない範囲で、程よい長さで、僕が満足しそうな答えを選択肢の中から選んで返す。

ただそれだけだったのではないか。

変に目立たず、良くも悪くも目を付けられない無難な答えを、選択肢の中から選んで返す。

数学演習は当時の鬼門科目で、他の学生も苦戦していたから、難しいと答えた。アルバイトは週5回以上入れると、「学業に支障をきたすから減らした方がいい」と注意されることを、学生たちは知っている。

ただそれだけ。個別面談だけど、個別の何かを共有したわけじゃない。

「じゃあ、これからも無理しない程度にがんばって。何かあったらいつでも相談して」

「はい、ありがとうございます。そうします。失礼しました！」

というゴールを目指して、ひたすらアウトプットを重ねる。

茶番だろ、こんなの。

いくら大学の規定だからって、呼び出して、緊張させて、こんなお約束みたいな面談に付き合わせていいのか。

これが僕にとっての最初の1on1だった。大きな反省材料が残った。というか、反省しかなかった。

そして僕は、このとき2つのことを理解した。

1つは、今の学生は、対大人向けコミュニケーションの「テンプレート」を持っていること。

そしてそれは、目の前の大人への配慮であり、同時にその配慮は、目立つ世界へ引きずり込まれないための自己防衛なのだと悟った。

感じよく、そつなく、その場に適した返答をする。しかし、決して本音は明かさない。目立ちたくもないし、その他大勢の中に埋もれていたい……。僕はこれを、若者たちの「いい子症候群」と呼んでいる。

そしてもう1つは、テンプレートに合わせた会話の積み重ねを、僕自身は（他の多くの大人と違って）納得していないということ。

茶番は楽だ。それは間違いない。リスクがなく、ストレスもない。

でも、どこか好きじゃない。ザ・日本社会の一パーツになったような感覚。別に誰からも決められていないのに、決められた量産型の対話をこなす。

そのこと自体を決して「悪」と思っているわけではない。むしろ、その必要性を（おそらく多くの人よりはずっと）理解している。

ただ、それだけで終わることの気持ち悪さがある。

そして、テンプレートとの戦いが始まった

翌年から、ちょっとした戦いが始まった。むろん当初の目標はテンプレートの破壊、あるいは排除だ。

どうしたら、学生がテンプレートを持ち出さず、素で話せるようになるのか。どうしたら、多くの学生に「まじめ成分8割、ちょっとダメ成分2割」のあるある無難キャラを演じさせずに済むのか。

最初に繰り出した作戦は、とにかく僕が学生たちに明るく振る舞うことだった。

結果は、完敗だった。

僕が明るく振る舞えば、その分学生も笑う回数は増える。やはり、ただそれだけ。僕はただただ不必要にエネルギーを消耗し、面談のたびに水をガブガブ飲むようになった。それだけ。

今思えば、学生たちはさぞ気持ち悪かっただろうと思うが、通らざるを得ない道だったということで許してほしい。

心の中で学生たちに謝った上で、次の作戦だ。反省はしても、後悔はしない。

次の作戦として、すでに身についていた2つのスキルを応用して、ちょっと強めの圧をかけてみることにした。

簡単に言うと、1つは学生の答えを縦に深掘るイメージ。「それってどういう意味？」「具体的には？」といった具合に質問していく。

もう1つは、学生の思考を横に展開させるイメージ。「他には？」「関連することって何かある？」と訊いていく。

我ながら、高度なスキルを活用した、いい作戦だと思った。

思ったが、事態は予想とは違った方向へ動き出した。

面談が近づくと、学生たちは結束し、情報共有するようになったのだ。どういう回答をすると、僕にどういう掘られ方をするか、という「金間対策講座」が同級生の間で組み上がっていく。

鈍感な僕だが、このときはすぐに異変を察知した。なんか変だ。以前にも増して学生の回答が似通ってきた気がする……。

と、思い悩んでいたときに、救世主が現れて僕にヒントをくれた。

2万円シャツの彼氏を持つ学生だ。あの面談をしたのち、彼女は金間ゼミに入った。そんな彼女が、「後輩たちの中で金間対策が進んでますよ」と教えてくれたのだ。続けて、「先生、1年生に厳しくするから、来年のうちのゼミ希望者、ゼロになるかもしれないですよ」と進言してくれた。

そこで再び作戦を変えた。今度こそ自信があった。

名付けて「僕は君にとても興味があるし、僕は君のためにいるんだから何でも話してね」作戦。

我ながら、いい作戦だ。これならいける(天才!)。

しかも、今回の自信には根拠があった。それは1on1に関する書籍をたくさん読んだことだ。

当時は今ほど「1on1の技術」に関する書籍が溢(あふ)れていたわけではないが、それでも「聞く、傾聴する」「話す、伝える」「対話」「フィードバック」「信頼関係の構築」に関するスキル本はたくさんあった。

幸い僕は研究者であり、イノベーション論を専攻している。本を読むことは日常で、多いときは年150冊ほどになる。

ということで、数多の文献から聞くスキルを取得した僕は、それを発揮すべく、再び個別面談を実施した。

「いい子症候群」の分厚い壁

結果は歴然と現れた(やはり天才!)。

面談した多くの学生が、自ら話してくれるようになった。面談の序盤では「特にないです」と言っていた学生も、待っていればちゃんと自分のことを話してくれる。

ある学生は「予習のために授業で使う資料はなるべく事前に配布してほしい」と言う。また別の学生は「1限に間に合うためのバスが混雑し過ぎて、遅刻してしまうことがある」とのこと。

さらに別の学生は、授業中のエアコンの温度が高かったり低かったりするとか、夜のアルバイトが終わるとスーパーが閉まっていて食生活が乱れがちとか。

なるほど、これが個別面談の真価か。

意見がどんどん出てくる。きっと他の先生や事務職員さんたちは知らないことばかりだから、レポートにまとめて上申すべきかも。

きっとこれらすべてを解決したら、学生たちは大きな満足感を得て、充実した学生ライフが送れるとともに、積極的で主体的な学びを始めることだろう——。

あるいは、もしかしたら学生たちはこう思っていたのかもしれない。

この面談、「お客様アンケート」っぽいと。

もちろん、学生たちはそんなことは言わない。

確かに話してくれる量は増えた。だが(今風に言えば)心理的安全性を高めた結果、何でもありの御用聞きの場のようになりつつあった。

そのこと自体が悪いことだとは思わない。組織としては必要なプロセスだとも思う。

でも、何かが違う。少なくとも個別面談で求められているのはそれではない。

それに、学生が少し心を開いても、僕が重要だと思う点に話題を振ると、とたんに元に戻る。

聞くことに徹して、自由に話してもらうつもりが、結局、前と変わらない。「そのときの正解」、「その場での正解」を言わせているだけだ。

これまで個別面談をするようになって、まずは明るく、次にちょっと怖く、そして最後は優しく振る舞ってみた。

結果は、特に変わらなかった。結局は元の状態に戻る。僕が笑うと笑い、質問するとテンプレ通りの答えを返す。

正確な統計は取ってない。だが僕の感触としては、ざっくり5割の学生が、大なり小なりこのパターンにはまっているように思う。

もちろん、僕自身の振る舞いに根本的な問題があった可能性は否定できない。パターンを変えてみた、と自分では思っているものの、学生から見たら、何も変わってなかったのかもしれない。

いや、きっとそうなのだと思う。

学生からすれば、僕が評価者の立場である限り、僕がちょっと工夫しようが、彼らの対応は変わらない。

あくまで学生は、被評価者として評価者である僕と対峙している。もしそれを覆したいと思うなら、僕自身にもっと大きな変化が必要で、長い時間をかけた学びが必要なんだ。

結局、簡単に手に入る知識とスキルを使ってみても、「所詮は、上辺のコミュニケーションが変わっただけ」と学生に見透かされてしまう。

それって僕が、学生を（つまりは人を）バカにしている証拠じゃないか――。

「わかったつもり」が、すれ違いを生む

冒頭の「何も相談せず静かに退職した若者」に話を戻そう。

若手の離職にショックを受けていた上司と、学生の対応に苦慮（くりょ）してきた僕は、何が違うというのだろう。いったい、職場の若手や学生の何を理解していたというのか。

結局、その上司も僕も、表面をなぞった1on1を通じて「信頼関係を築いていたつもり」「わかったつもり」でいただけなのかもしれない。

だからといって、この1on1が全く無意味だったわけではなく、多くのことを学ぶことができた。テンプレートの対策をしたり、そのための仮説検証を無数に繰り返したことによって、僕の中に相当数の若者分類が完成しつつあった。

もともと、僕は若手イノベーション人材について精力的に研究していた。モチベーションやアントレプレナーシップの論文もたくさん書いてきた。国際学会でもたくさん発表した。大規模な実証分析を行った。関連する学術書を2冊書いた。

まじめな面談や研究だけじゃない。ゼミ生と夜通し恋バナをすることもあった。アカデミックと実体験から得た知見が組み合わさって、僕の中のZ世代の解像度はそれなりに上がっている。

そんな知識と経験が少しでも役に立てばと思い、本書を書く。

本書のコンセプトは「若者との1on1の前に読む本」

本書の企画は、ある企業の技術開発センター長から聞いた次の一言に端を発する。

「新人の中でも特に期待していた1人から、突然、退職意向が届いてとてもショックだった。しかも自分宛ではなく人事部経由で。この前1on1をしたばかりだったのに……」。

上司と部下、あるいは先輩と後輩という関係を中心に、1on1はここ数年で急速に浸透した。企業のみならず、行政や医療機関などでも多用されるようになった。

これらのいずれのケースにおいても、その中心にいるのは若者だ。

つまり1on1は、若者との関係性の中から浮上した取り組みである側面がとても強い。

その最たる例が、先述のセンター長の悲痛な言葉に凝縮される。

令和の今、あらゆる組織で若者に対する期待と不安が入り交じり、それが目に見える課題となって表出しつつある。

顕在化した課題がそこにあるのに、その原因がわからない。

原因はわからないけど、対処しなければならない。

そこで多くの組織は1on1を導入し、その結果、ある程度の手応えを得ているようにも見える。

にもかかわらず、やはり多くの組織では、若者を取り巻く課題そのものが解消される気配はない。

そこで本書でも、この問題意識を正面から見据え、1on1と昨今の若者の実態描写を一体化させて論じることとした。1on1を核とした世代間コミュニケーションの問題点を切り口に、職場の若者を多面的に分析していきたい。

僕の頭の中にある本書のコンセプトは、「若者との1on1の前に読む本」だ。

僕は、ずっとこのコンセプトを念頭に置きながら本書を書いた。

1on1や若者に関する本は、それぞれ一定数が上梓されている。だが、あくまで僕が知る限りだが、これらを組み合わせて論を展開させる本はほとんど見られない。

ほとんど見られない分、執筆はとても手強かった。うまくできただろうか。僕の思考スキルや執筆スキルはまだまだ稚拙で、不安が残る。

でも不安と言うなら、先述のセンター長の不安の方がずっと大きく、リアルだ。だから全力で書いた。

残念ながら本書に答えは書いていない。そもそも人を相手にするコミュニケーションの課題に、答えなどあろうはずもない。

でも、僕たちは成長できる。

むしろ伸びしろしかないと思っている。

自己成長こそ最大の課題解決法。これは僕の口癖だ。

本書を手に取ってくれた皆さんに、どうか1つでも学びがあればと、心の底から願う。

本書の3つの特徴

本書は3部で構成されている。第1部では、企業で取り組む1on1の実態や、1on1に対する若者の本音などを論じる。

第2部では、1on1を通じて理解したつもりだった職場の若者が、本当はどんなことを考えているのか、その深層心理を明らかにする。

そして第3部では、第1部と第2部を受けて、上司や先輩たちは、これからどう若者たちと接していくべきか、僕なりの提案をしたい。

そのうえで、僕は本書の執筆において、次の3つの視座を大切にした。

本書の特徴①　上司や先輩の課題に寄り添う

1つ目は、現在お勤めの経営者や管理職の方を含め、一般に上司や先輩と呼ばれるすべての人たちに寄り添って考えること。

特にこの点が表出されるのは第1部と第3部だ。

1on1に関する書籍が世に溢れているのは、先に述べた通りだ。そしてこれらの多くは、スキルを中心に書かれている。テクニック本と言ってもいいかもしれない。

コミュニケーションに関する書籍も同様だ。伝える技術とか、聞く方法とか。例示すれば枚挙に暇がない。

もちろんこれらはとても大事だ。僕も読んでいてとても勉強になる。

ただ、スキルも技術も、やはりそれを使う人のマインドが伴ってないと威力は乏しいのも事実だ。

コミュニケーションである以上、相手は人だ。逆の立場になって考えれば、すぐに気づくはずだ。あなたに話しかけるその人が、何重ものテクニックを繰り出していたらどう思うか。プロポーズしてくれようとしているその人に、最後に求めるものは、テクニックか、心か。

もう一度、確認しよう。スキルや技術はとても大事だと思う。相手を不快にさせないそれ、大事なことを効果的に伝えるそれは存在する。

そして、それを使うマインドも同じくらい大事だ。

だから本書でも、しっかりとその両方を扱う。

そのために、およそ2年間かけて101人にヒアリングしてきた。

クロージングとなる第3部では、そのスキルとマインドについて、僕なりに最も大切だと思う点について章立てし、書き下ろした。

本書の特徴②　徹底的に若者の目線で語る

2つ目は、徹底的に若者の目線で物事を見ること、語ること。

僕はこの点をいつも強く意識している。

例えば「人材育成」という言葉がある。一般的な概念として語る上では便利なので、僕も多用している。

しかし、この言葉を今一度、若者の立場で想像してみてほしい。

今の人材育成という言葉には、「日本社会が抱える課題に合わせ、そこから逆算して必要と思われる人材を育て上げること」というニュアンスが強く含まれる。

皆さんにもう一度、問いかけたい。あなたが若者だったらどう思うか？

きっと抵抗感があるはずだ。少なくとも、僕が若手と呼ばれていたときはずっと抵抗感があった。自分たちがいないところで、自分たちをどうするかが議論されている。そんな感覚だ。

本書の第2部では、とても多くの今どきの若者像が描かれる。ここで、読者の皆さんが日ごろ、職場で不可解に思う若者たちの行動の解像度を上げていこうと思う。

例えば第5章では、「先週まで普通に次の仕事の話をしてたのに、何も相談せずに辞める若手社員」を扱う。

なぜこんなことが起こるのか？　その原因となる複数の現象を深掘りすることで、今の若者の実像に迫っていきたい。

彼らの行為を「なんで」、「おかしい」と思う感覚は否定しない。当然だと思う。でも、若者の目線と立場から考え直すことで、そう思う自分たちこそ、ズレてしまっている可能性があるのだということを、先輩世代の皆さんには意識してほしい。

本書の特徴③　少しでも楽しく、かつ真剣に、前を向いていけるように

3つ目は、可能な限り、楽しく、笑いながら読んでほしいと思うこと。本書で扱う世代間ギャップについて、可能な限り、楽しく語り合える場を作りたいということ。世代間に生じるコミュニケーション・ギャップは、どうしても探り合いの様相を呈する。ギャップが大きければ大きいほど、内心では「変なの」と思いながらも、表面を取り繕い、なるべく自分にマイナスが生じないように、相手を誘導しようとする。

この原因はわかっている。それは、人には立場と責任があるから。

上司という立場。組織の利益と秩序を守る責任。

これらが脅かされそうになるから、どうしても相手をコントロールしなければならない。「人材育成」はある種、その象徴的産物と言える。

でも、本当はそんなこと必要ないんだと思う。

若者は、先輩世代の皆さんのことが嫌いではない。むしろ、できることなら仲良くしたいと思っている。

むろん、先輩世代の人たちも同じだ。

なんてことはない、相思相愛なのだ。なのに、なかなか仲良くなれないという、何ともめんどくさい状態だ。

だから僕は、大人と呼ばれる皆さん、先輩と呼ばれる皆さんが、若者たちの気質をそのまま受け入れながら、ともに前へ進めるような社会にしたいと、強く願っている。

金間大介

静かに退職する若者たち　目次

序章 「笑顔の1on1ミーティング」の翌週に辞める若者 —— 3

第3章 1on1に求められるスキル

第4章 1on1に対する「若者の本音」

第6章 「別の会社で通用しなくなる」と考える若者の心理 167

第7章 日本とアメリカの「静かな退職」 193

終章 上司・先輩世代へ向けた5個の提案 295

第1部

「1on1の前」に知っておくべきこと

バブル世代、就職氷河期世代、ゆとり世代、さとり世代、Z世代——。
たった1つの職場で、名前がついているだけで、
こんなにも多様な世代が働いている。
育ってきた時代や環境が違えば、考え方は当然違う。
すれ違いは否めない。そうした「世代間ギャップ」
「コミュニケーション・ギャップ」をどう埋めるのか。
その解決策の1つとして、多くの企業では「1on1」がなされているが、
効果的に実施できている企業は一握りだ。
そして、若者が何も言わずに辞めていく。
なぜ、上手くいかないのだろうか？
第1部では、「1on1」の基本を振り返りながら、
多くの職場で「すれ違い」が生まれてしまう原因を
データとともに分析していく。

第1章

日本企業の現場で1on1が求められる理由

1on1は「一過性のブーム」で終わるのか？

1on1ブームが到来している。一般に浸透し始めたのは2010年代中ごろという印象だ。

もちろんその前から実施している企業もたくさんある。2020年代に入り、さらに多くの企業が1on1を実施するようになった。

ヤフー株式会社（現LINEヤフー株式会社）は2010年初頭から導入していて、内容の一部も公表していることから、多くの企業のお手本となっている。

ブームとは、一時的に盛り上がり、広く浸透したのちに緩やかに減少し、最終的に一部の人たちの間のみで残る、という曲線を描く現象だ。

僕は、1on1もこの曲線に従っていると感じている。

ピークは2023年。2024年には、精査し始める企業が増えるかもしれない。「とりあえず始めた」、「まずは2年間やってみよう」という企業も多いためだ。その後、どのくらいが定着するだろうか。

いや、問うべきは、どう定着するか、だ。

1on1ブームが到来した大きな根拠は2つある。

1つ目は、企業において若手人材の育成・活用の必要性が高まり続けていること。

今や、若手人材を必要としているのは企業だけではない。病院や介護施設、学校に警察に自衛隊。霞が関の官公庁までが、若くて意欲ある人材を求め、ものすごい勢いで求人戦略のアップデートを繰り返している。

2023年には、右記した組織のほか、金融や不動産、建設、製造、放射線技師会に至るまで、多方面の業界から若手人材の育成や確保に関する相談があった。

企業経営者の皆さんが「いくら求人を出しても、全然人が集まらない」と感じているとしたら、それは若者の絶対数が少なくなっていることに加え、これらすべての組織や団体がライバルとなって若者集めを過熱させているからだ。

1on1ブーム到来のもう1つの理由が、現場のマネジャーからの声だ。

「1対1で話すと、意外と話せるやつだった」

「1on1は手間だけど、それなりに意味はありそう」

僕自身は、これらの感想に対し疑問を抱いている。

ただ現実として、1on1浸透の背景には、こういった現職マネジャーたちの手応えが大きく寄与しているのは間違いない。彼らの多くは、1on1を「やってよかった」と(今のところ)考えている。

昨今では、いくら経営者が必要だと考えても、現場が支持しない限り、なかなか組織内には浸透しない。そのくらい新しい取り組みには抵抗と反発がある(逆に、一度浸透した活動は誰もやめることができない)。

1on1は、経営者と現場の意見が一致する、比較的珍しい取り組みだ。だからブームとなった。

「コロナと1on1」その関係性は?

実際、日本において1on1はどのくらい浸透しているのだろうか。

株式会社リクルートマネジメントソリューションズの「1on1ミーティング導入の実態調査」を参考に見ていこう。この調査は、2022年1月に、全国主要都市圏の企業において人事系業務を担当する正社員936名に対して実施しており、信頼性は高い。

このうち、図表1-1に、「1on1を施策として導入していますか」という問いに対する回答結果を示す。

一見して、企業規模が大きくなるほど、1on1を人事あるいは各部門の公式な施策として実施していることがわかる。「現場で任意に実施」も含めると、全体で約84％の企業が何らかの形で1on1を行っている。

次に、図表1－2で1on1の導入時期を見てみると、60％強が「3年以内」と回答している。この調査は2022年1月に実施されていることに鑑（かんが）みると、過半数の企業が2019年以降に1on1を正式に導入したことになる。

1on1の導入は、タイミング的にコロナと結びつけたくなるところだが（そういった解説記事はとても多いが）、これは安直だと僕は思う。時期が合っているからといって、すべてがそこに起因するわけではない。時代は絶えず変化している（同様に、「今は過渡期だ」という解説も多いが、これも安直だ。それを言うなら、ずっと過渡期だ）。

むろん、コロナの到来によって、「話す」ことの重要性が一気に増したのは間違いない。かつては視界に入っていた人が消えたのだから当然だ（その分、見られるというストレスから多くの人が解放された）。

上司から、「新人の○△さん、どうしてる？」と訊かれたとき、毎日見ていれば「調子良さそうですよ」と答えることができるが、在宅勤務が導入されてからは、「ちょっ

図表1－1　1on1を導入している割合

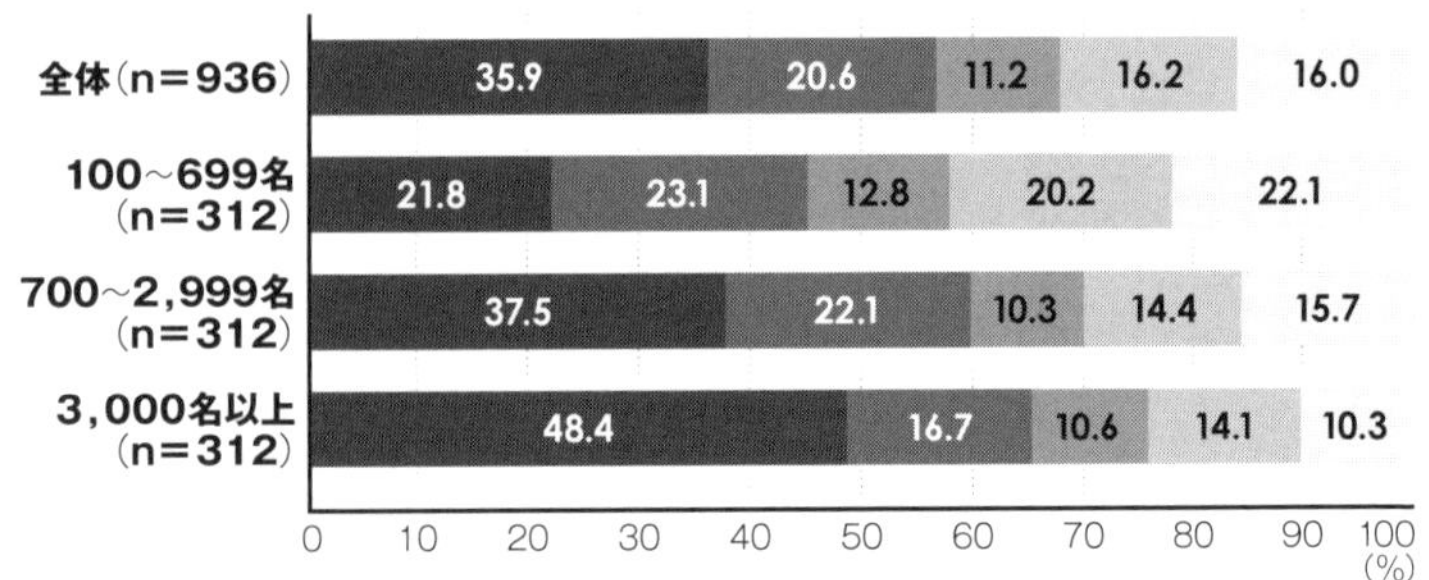

株式会社リクルートマネジメントソリューションズ「1on1ミーティング導入の実態調査」より

図表1－2　1on1の導入時期

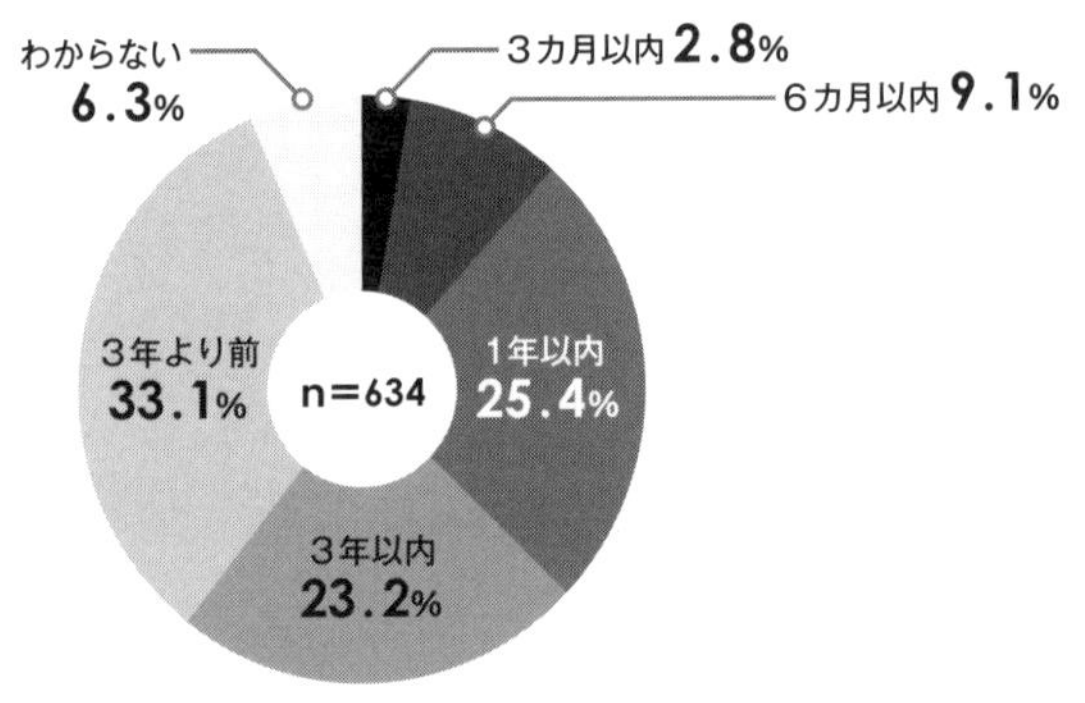

株式会社リクルートマネジメントソリューションズ「1on1ミーティング導入の実態調査」より

と話してみます」と答えるしかない。

ただし、こと若手人材に関する多くの課題は、コロナ以前から浮上していた。第一に、良質な若手人材の絶対量の確保が難しくなっていた。

それに加え、彼らの主体性の欠如が大きな課題となった。

「指示待ち」の様相も変化してきた。以前は、やる気のない様子も顕在化していた指示待ち人材だが、今はそうではない。

「丁寧に指示したら、ちゃんとこなす」ことに加えて、まじめで、それなりにやる気があり、話しかければちゃんと自分の言葉で返す（ように見える）。

まじめで、素直で、優秀。だけど、主体的に取り組んでいるかというと、そうとも言えない。

仕事に対する意欲があるのか、ないのか……。

もし意欲はあるけど、十分に発揮できない理由があるのだとしたら、ちゃんと話を聞いて解決せねばならない。

評価や業務伝達を中心とした、上司が主体となるミーティングから、若手が話し手となる、若手主体のミーティングへ。

1on1は、そんな期待を背負っての船出となっている。

必要なのは、マネジメントより「フィードバック」

多くの企業で1on1が導入されているとなれば、そうでない企業は焦るかもしれない。しかし、本来しっかりした業務マニュアルと、それを身に付ける研修プロセスがあれば、原則として1on1の必要性は低い。

ただ、皆さんの仕事のほとんどはマニュアルだけでは対応できないはずだ。おそらく電話1本、メール1通に至るまで、それなりに深い文脈があって、無数の回答案が存在するだろう。業務もプロジェクトも、固定化されているように見えて、その実態は各メンバーがどう振る舞うかによって、刻一刻と姿を変えていく。

そのような状況下では、年度初めに立てた目標も、半年、1年と経てば形骸化し、中身の伴わない形式的なものになる。

業務管理の根幹の1つである、目標管理制度が徐々に機能しなくなっている。

それと同時に、現場に求められる主体性のレベルが上がっている。いまや主体性は、若手に求められる能力の圧倒的一位だ(図表1－3：同図は理系だが、文系もほとんど変わらない)。

図表1－3　企業が学生に求める資質・能力・知識（理系）

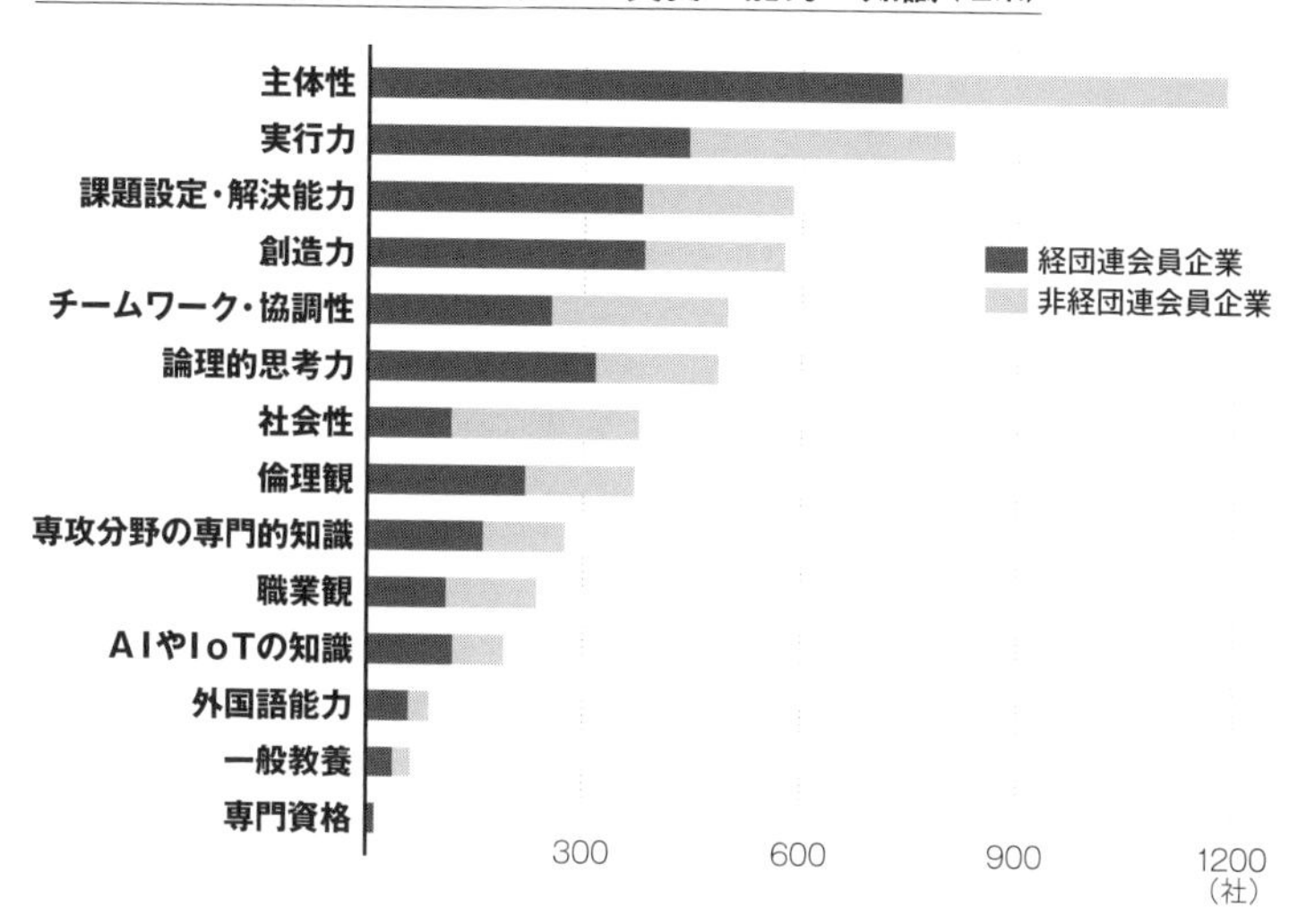

日本経済団体連合会「高等教育に関するアンケート主要結果」より

そこで重宝されるようになったのが1on1だ。上司と部下、チームリーダーとチームメンバーは、細かい業務プロセスを管理する代わりに、中長期的なビジョンやミッションの共有に力点を置く。

そこから先は、部下やメンバーのひとり旅だ。共有したビジョンやミッションの達成に向かって、個人単位の意思決定を繰り返しながら、変化に対応できる柔軟な姿勢を築く必要がある。

自分なりの短期的指標を立て、たえず自分の行動と結果を照らし合わせ、内省する。

共有した中長期的なビジョンや

ミッションの実現は程遠い。メンバーたちは確実に迷い、悩み、戦闘意欲を失う。

そのときに必要なのは、評価やマネジメントではなく、適切なフィードバックだ。励ましやフォローが必要だと感じることも多いだろうが、過度の励ましは、むしろ逆効果になる。またあまり慰められても、失敗したこと、うまくできなかったことが身に染みるだけだ。

大事なことなので、もう一度言う。必要なのは適切なフィードバックだ。部下やメンバーは、自分の行動と結果の因果関係が知りたいのだ。

採点結果が返されない試験は単なる拷問だ。タイムを計らないタイムアウトから学べることは少ない。

上司やリーダーは、可能な限り、評価的要素を排除して、端的な情報のフィードバックに努めよう。理想は、シューティングゲームの得点スコア、ロールプレイングゲームの経験値、自動車のタコメーター、散歩時における万歩計だ。

ぜひ、彼らの仕事に万歩計を。彼らが何歩進んだか、いつでもチェックできるように、あなたがその役割を果たしてほしい(と、さっそく熱くなってしまったので、この辺りで頭を冷やし、改めて後章で解説したい)。

部下がどんなに優秀でも、上司の存在意義は消えない

今の時代、もはや上司やリーダーは、業務に必要なすべての知識やスキルを教えることは不可能に近い。

また、新しい知識やスキルが次々と登場する昨今、すべての能力において上司側が優位性を保つことも不可能だ。

むしろ部下たちに次々と抜かれていくだろう。悔しいかもしれないが（いや、絶対悔しいわけだが）、それも上司としての成功形態の1つだ。

そんな中、上司側に期待されることは、部下たちを理解し、彼らの成長を支援し、促すことだ。

部下にとっても、上司や先輩は、もうわからないことを教えてくれる存在ではないことを理解しよう。場合によっては、部下の方が速く走れる可能性が高い。

それでもなお、上司や先輩の存在意義は低下しない。

答えを教えてくれない代わりに、「鏡」になってくれるからだ。あなたが今、どんな格好で走っているのかを正確に伝えてくれる。

もう1つ、上司の重要な役割は、部下の最大の味方であるということ。部下が迷ったとき、上司たちの経験に基づく助言を踏まえつつも、進むべき道を決めるのは部下自身だ。

ただ、失敗したとき、その責任を取るのは部下ではない。失敗を自己責任にされては、部下は何も挑戦できない。仮に失敗して上司の責任となっても、部下は気に病む必要はない(上司たちは、その分多くの給料をもらっているので大丈夫)。

重要なのは、部下がその失敗から何を学んだかをしっかりと認識することだ。

以上、もし読者の皆さんの所属する組織が、これまで述べた状態、すなわち、

- すべての社員がビジョンやミッションを共有し
- 現場の若手社員たちが主体性を発揮し
- 経営者やマネジャーたちはそれを邪魔することなく
- かつ多面的なコミュニケーションを通して、彼らの主体性を支援したい

と願うなら、1on1のバージョンアップは不可欠だ。使いようによっては、きっと強力な武器になってくれる。

第2章

見落とされがちな「1on1の課題」

1on1の基本原則と4つのパターン

改めて1on1とは何か、その基本原則を概観しよう。

現在の1on1の多くは、組織内のコミュニケーションを活性化することで、チーム・パフォーマンスを向上させたり、メンバーの成長や目標達成を促すことを大目的としている。

どのような関係や立場であっても、心理的安全性を重視した、オープンで率直な対話を奨励する場とすることを前提としている。

そうすることで、部下やメンバーは、対話の相手がどのような立場の人であろうと、自身の意見やアイデア、懸念、主観的感情を自由に表明できる環境が提供される。

もともと日本企業の多くには、こういった場が（少なくともオフィシャルには）少なかったという背景がある。1対1の信頼関係の構築などは、あくまでプライベートな時間になされるか、必要に応じて各自が判断してやればいい、という認識だった。

それを、一定のルールや共通認識の下、業務時間に行うことにしたことが大きな変化と言える。

図表２－１　1on1の４つのパターン

	パターン❶	パターン❷	パターン❸	パターン❹
目的	目標の管理・設定・共有	業務の振り返り・フィードバック	他者理解・信頼関係の構築	コミュニケーションやダイバーシティの促進
主な内容	前回の目標の振り返りと新たな目標の設定 所属する会社や部署のビジョンやミッションの確認と業務内容の関係の確認	部下やメンバーの進捗、成果、課題などについてのフィードバックの提供 進捗確認による業務内容の改善や課題の共有、解決策の検討	個人的な興味関心、ストーリーの共有 業務に対する想いや姿勢の共有 直近(1週間程度)における細かな業務内容の確認や課題の共有	個人的な興味関心、ストーリーの共有 部長と新入社員など、普段直接的に接することのない関係におけるコミュニケーション機会の確保
頻度	年1～4回程度	年4～6回程度	月1～4回程度	月1回程度
所要時間	30～60分程度	30～60分程度	15～30分程度	15～30分程度

さて、大目的はこのくらいにして、以降はもう少し1on1の解像度を上げていこう。

すでに多くの1on1解説書が上梓されているが(主にテクニック系と心構え系に二分される)、ここでは僕なりの視点で、４つのパターンに分けて見ていこう(図表2－1)。

パターン①から③までは、すでに多くの組織が取り組んでいる形式と思う。パターン④は、一部の組織が必要に応じてやっている、という程度だろう(でも僕のおすすめは、このパターン④です)。

パターン①：目標の管理・設定・共有

最も形式的な部類に該当する。

このパターンは、多くの組織において、1on1の名が広まる前から実施されているだろう。近年の1on1ブームにより、一連の1on1のラインナップに取り込まれた形だ。

ベテラン社員の多くは、1on1と聞くと、依然としてこのパターンを連想する。そして、そのことが他のパターンの1on1の弊害となっているケースも少なくない。

1on1の大目的が、業務の振り返り（パターン②）や信頼関係の構築（パターン③）に移行しているにもかかわらず、「君の目標は何だ」、「いつまでに達成できるか」という風に、詰める姿勢を崩せない人もいる。

僕自身は、詰める姿勢は大事なことだと思っているが、やはり場のすみ分けはしっかりした方がいいと考える。

パターン②：業務の振り返り・フィードバック

近年の1on1ブームの一角をなすパターンだ。

どうしても部下の業務の振り返りや、それに対するフィードバックをするとなると、（特に部下にとって）緊張感のある場となってしまう。

そこを部下目線で、彼らの語りを中心とした場として括り直そう、という趣旨で広まったのがこのパターン②だ。

上司やリーダーは、部下の語りをしっかりと聞いた上で、自身の経験や知識に基づき、なるべく具体的なフィードバックを提供する。そうすることで、部下としては、自身の取り組みを否定されることなく、業務の改善や、スキルの向上に役立てることができる。

パターン③：他者理解・信頼関係の構築

一言で言えば、今風の緩いパターンだ。

一部の若手、一部の職種、一部の関係性においてはとても重宝しており、「なくてはならないもの」レベルに昇格している。

その最大の理由が「メンター制度」だ。メンターとしてつくのは、上司の場合もあるが、主に先輩だ。したがって、そこに評価という視点は入らない。

上司からのフィードバックは、与える側は「助言」「アドバイス」と考え、もらう側は「注意」「指摘」と捉える傾向にある。後述するように、この溝を埋めるのは至難の業となる。

その点、先輩、後輩という関係は比較的フラットだ。フラットだが、同期のようには気楽に話せない。できれば制度として、先輩後輩の対話を後押ししたい。

そんな今の若者の気質を汲んだ仕組みが、このタイプ③となる。

「会社が制度にしてやらんと、後輩との会話すらできんのか」という、ベテランのご意見もあるかもしれない。

ごもっともです。その通りです。

制度としてやらないと、今の若者は後輩にすら話しかけられないのです。

ただ制度とすることで、若手たちのチームワークが向上するなら、異論はないところだろう。

パターン④：コミュニケーションやダイバーシティの促進

先述の通り、このパターンはちょっと珍しいかもしれない。

そして先述の通り、僕のおすすめでもある。

特にこのパターンでおすすめしたいのが、斜め上（下）との関係での1on1だ。斜め上の関係とは、例えば他部署の先輩などが該当する。

あくまで斜めの関係なので、放っておくとおそらくほとんど対話はなされない。昔で言う喫煙室でのちょっとした関係（タバコミュニケーション）や、社内の部活動（これは今でも重宝されているという話を教え子からよく聞く）が、近いイメージかもしれない。

ただし、喫煙室は撤去され、運動部も縮小気味の昨今だ。だからこそ、あえて制度として斜め関係の風通しをよくしておくことを推奨する。

好例なら僕のデータベースに山ほど入っているが、出し惜しんで2つだけ、エピソードを披露しよう。

1つ目は、入社2年目のLさんから聞いた、こんな話だ。

先日、別の部署の課長と1on1する機会があったんです。それ自体は偶然で、たぶん会社がランダムにシャッフルして引き合わせているだけだと思うんですが、その課長から、「L君（自分のこと）のところの課長のMさん、私の大学の同期なんだよ。

あのときから料理が上手でさ、特にだし巻き玉子がね」って言うんです。

M課長、どっちかっていうと寡黙な強面（こわもて）系だと思ってたのに、だし巻き玉子って（笑）。おかげで少し親近感が湧きました。

もう1つのエピソードもどうぞ。今度は入社5年目で、平社員から主任に昇格したNさんの話だ。

自分は工学研究科出身で、開発畑一本でここまで来たのですが、先日1on1で話した営業のO主幹が、こんなことを教えてくれたんです。「うちの若手のP君、Nさんの後輩だよね。この前Nさんが提出した開発企画、ガン見してたよ。しかもその画面見ながら、なんかブツブツ言ってたの。『ヤバ』とか、そんなこと」

まあ、どんな理由で自分の資料をガン見してたのかはわからないんですが、なんか「P君、きっと昇って来るな。負けねーぞ」って思いましたね。

ご覧のように、いずれのエピソードも偶然の産物だし、あまりこのタイプの1on1をやり過ぎても良くないと思う。

ただ1つ目のエピソードにあるように、たまにはランダムで斜めの関係にある人同士の対話を促してはどうだろう。

そもそも直接評価する関係にない分、比較的最初から心理的安全性が保たれているので、目下（めした）側からしても対話しやすいし、もらった助言を採用する・しないも自分次第でOK、という気楽さがある。

1on1の目的における「よくある勘違い」

2021年9月に発表された、株式会社パーソル総合研究所の「人事評価制度と目標管理に関する定量調査」によると、1on1の平均時間はおよそ25分となっている（図表2－2）。

この話をすると、「思ったよりも短い」という感想を頻繁にもらう。

パーソルの当該調査は、全国の企業の人事部（主任クラス以上）や経営層・経営企画部など、自社の人的資源管理の全体動向について把握している800名、役職者3,000名、役職のない従業員5,000名を対象とした大規模なサーベイ（調査）であり、アンケートに大きなバイアスがかかっているとは考えにくい。

図表2－2　1on1ミーティングを含む面談の平均所要時間

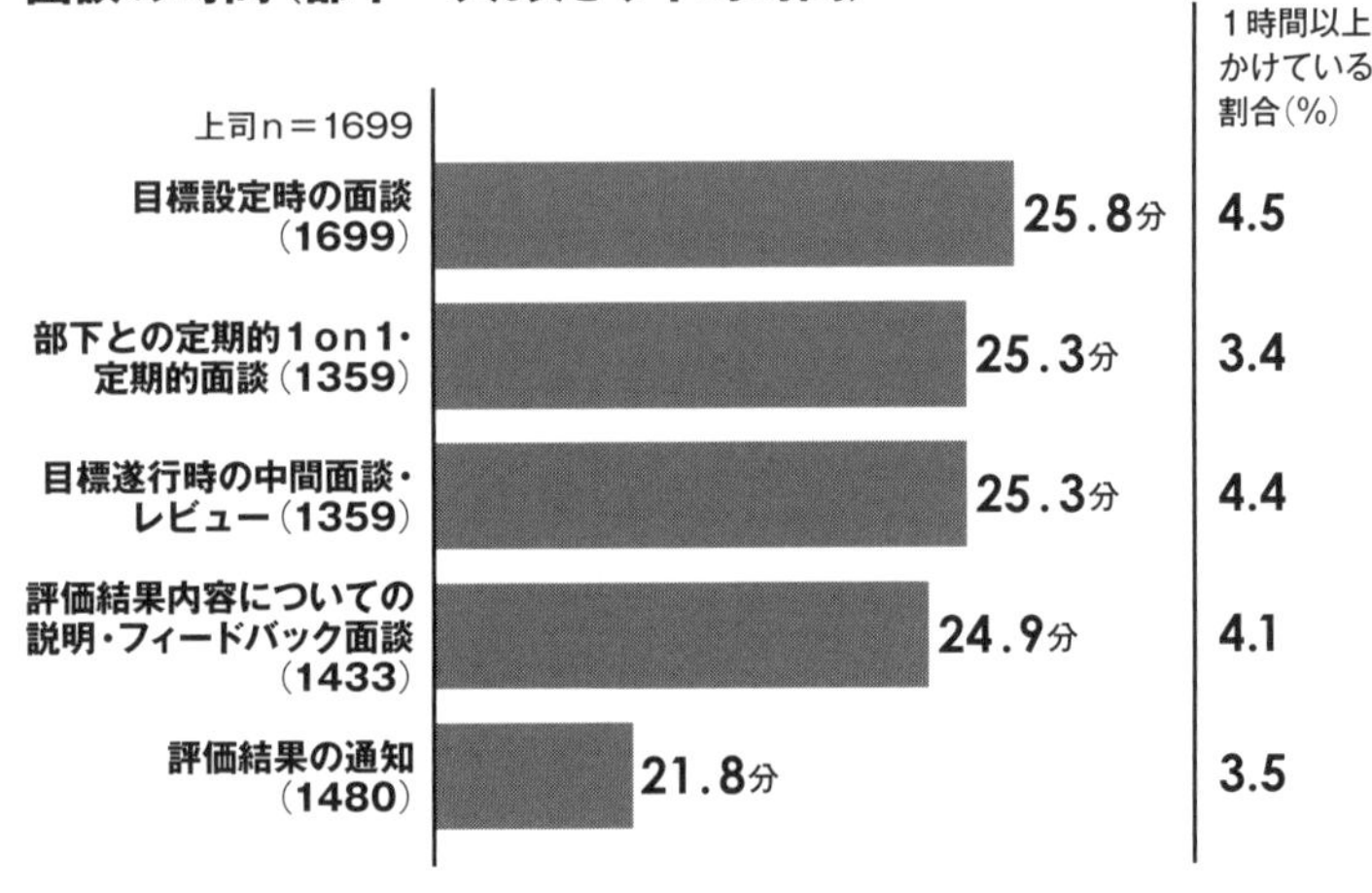

株式会社パーソル総合研究所「人事評価制度と目標管理に関する定量調査」より

考えられる点として、アンケートでは公式の所要時間を回答しているものの、実際にはもう少し長めにやっているのかもしれない。

特に、ミーティングを始める前には、ある程度のアイスブレイクが必要な場合も多いため、「いやー、昨日まで出張だったんだけどさ……」と言っているうちに、時間がどんどん経過することなどが考えられる。

ただ、後述するように、1on1の課題の1つに、上司やメンター側の時間不足が挙げられているから、アイスブレイクばかりしているわけにもいかない。

先日ある人に、「1on1では、アイスブレイクばかりしている人も多い」という話をしたら、「本当にちゃんとアイスがブレイクできたら、もうその関係に1on1は必要ないかも」という返答をもらった。

「確かに」「うまいことを言う」と思った。

が、皆さんはそう思ってはいけない。

すでにここまで、かなりの紙幅（しふく）を割いて1on1の本質について議論してきたので、それを繰り返す野暮なことはしないが、現実として、いまだに1on1の目的を「仲良くなること」だと解釈している人が多い。

単に人として仲良くなることと、何を言っても大丈夫、という安心感の下、本音ベースで話し合い、お互いの成長を促すとともに信頼関係を構築していくこととは全く異なる。僕の感触として、年齢が上がれば上がるほど、この区別がつきにくくなっている印象だ。

逆に、今の若者たちにとっては、表面的なコミュニケーションをたくさんとったり、仲良く振る舞うことと、本音ベースで何かを話せることとは、全くの別物と言っても過言ではない。

今の若者たちの多くは、保険に保険をかけるような人間関係を構築している。わざわざ本音を話して、関係をピリピリさせるようなことはしない。若者にとっては、人間関係こそリスクそのものなのだ。

そう考えると、1on1は本当にその目的を達成しているのかが気になるところだ。企業全体で見れば、膨大な時間と労力を投下しているわけだが、ちゃんと、もともとは取れていない、いないのだろうか？

目的がすり替わった「本末転倒の1on1」

ということで、次は「1on1はもとが取れているのか問題」だ。ここも再び株式会社リクルートマネジメントソリューションズのデータから見ていこう。

図表2－3は、1on1を導入している企業634社における、1on1の導入の目的を問うた結果だ。

第1位の「社員の主体性・自律性の向上」と第2位の「自律的キャリア形成の支援」が際立って高いことが見てとれる。特に主体性・自律性は、調査対象企業の半数以上がチェックを付ける構造になっている。

そもそも主体性の醸成は、一企業だけの問題ではない。

例えば、「主体的な学び」という言葉は多くの人が聞いたことがあるだろう。文部科学省が教育の最上位に掲げる政策目標だ。

僕自身、日本の多くの児童・生徒が「主体的な学び」を身につけたら、日本は全く違う国になると確信している。すべての児童・生徒の3分の1、あるいは5分の1でもいい、主体性を持って行動できるようになったら、この社会は大きく変わるだろう。

ちなみに、その他の1on1の目的としては、「評価の納得性の向上」、「離職率の低下」、「生産性の向上」、「リモートワーク環境におけるコミュニケーション活性」など、比較的実務に直結するような目的が並ぶ。

それでは、これらの1on1の目的は実際に達成されているのか。

本来であれば、目的を問うた後に、全く同じ選択肢をもってそれらが達成できたかどうかも問うて欲しいところだが、「1on1ミーティング導入の実態調査」では、残念ながら別の選択肢を設定している。よって、ややズレが生じているが、それも踏まえて見ていくことにしよう。

得られた効果のトップとして、「上司と部下のコミュニケーション機会が増えた」が断トツとなっている(図表2－4)。

早速のツッコミで恐縮だが、これを効果として入れていいのかどうかは微妙なところだ。講義のコマ数を増やしたら勉強時間が増えた、廊下を長くしたら歩数が増えた、と言っているのと変わりない。

もちろん1on1以外の時間でのコミュニケーション機会の増加も含まれるだろうから、それをもって効果と言いたい気持ちはわかる。が、やはり膨大な労力の割に合うか、と言えば怪しいところだ(そもそも主体性の向上や、自律的なキャリア形成はどこにいった?)

調査結果では、第2位から順に「部下のコンディションの把握ができている」、「上司と部下が本音で話せる関係になっている」、「部下の成長が見られる」と並ぶ。これらは、もし本当に得られたとしたら、それなりの効果と言えるだろう。

ただし、本当にこれらの効果が得られたかどうかについては、僕は怪しいと思っている。

把握できたと思っている部下のコンディションや、本音で話せるようになったというその感覚の多くは、作られたもの**であ**る場合も多いからだ。

もしあなたが部下との面談後に次のような感覚を持っていたら、特に要注意だ。

図表2－3　1on1ミーティングの導入の目的・背景

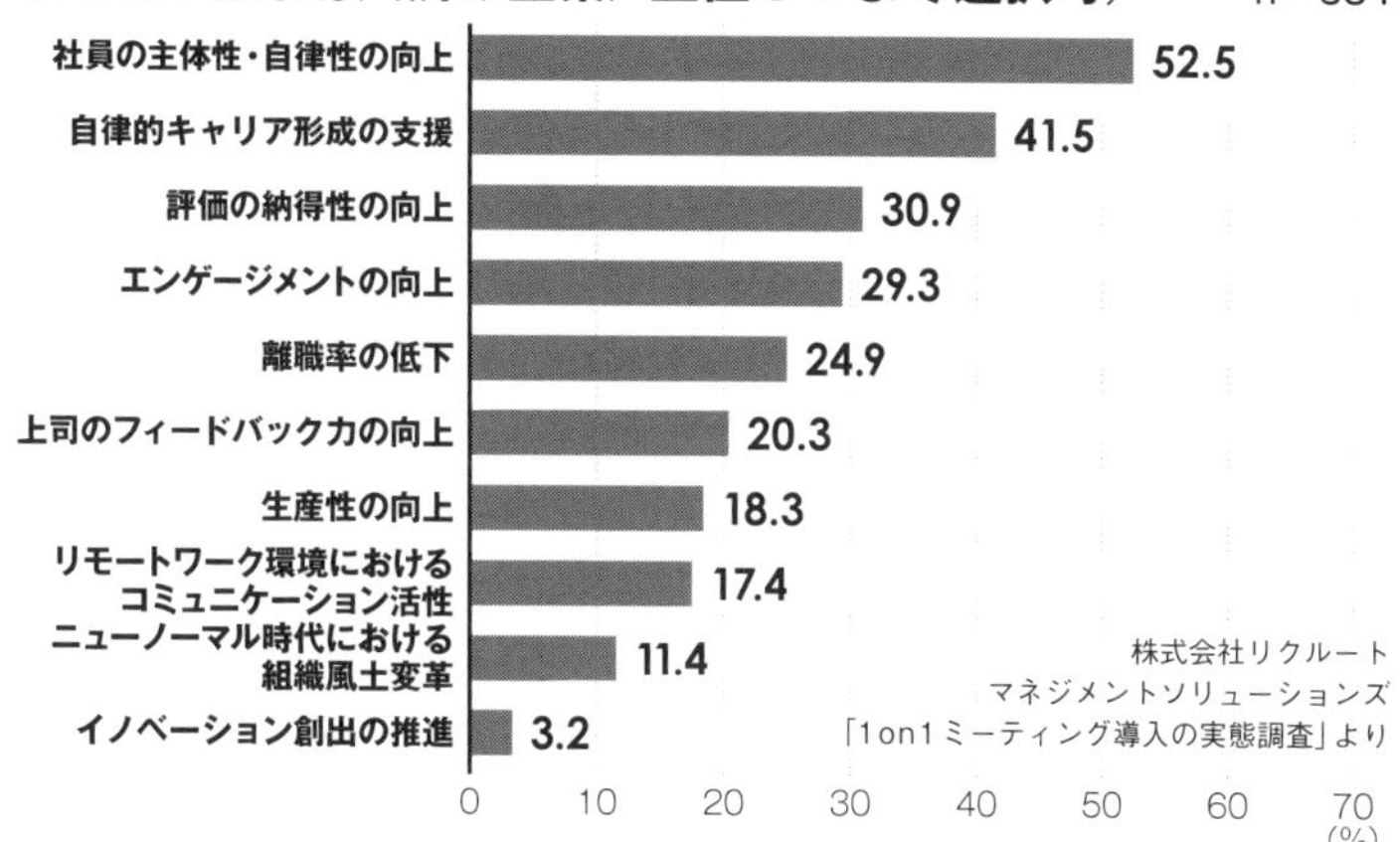

図表2－4　1on1ミーティングによって得られた効果

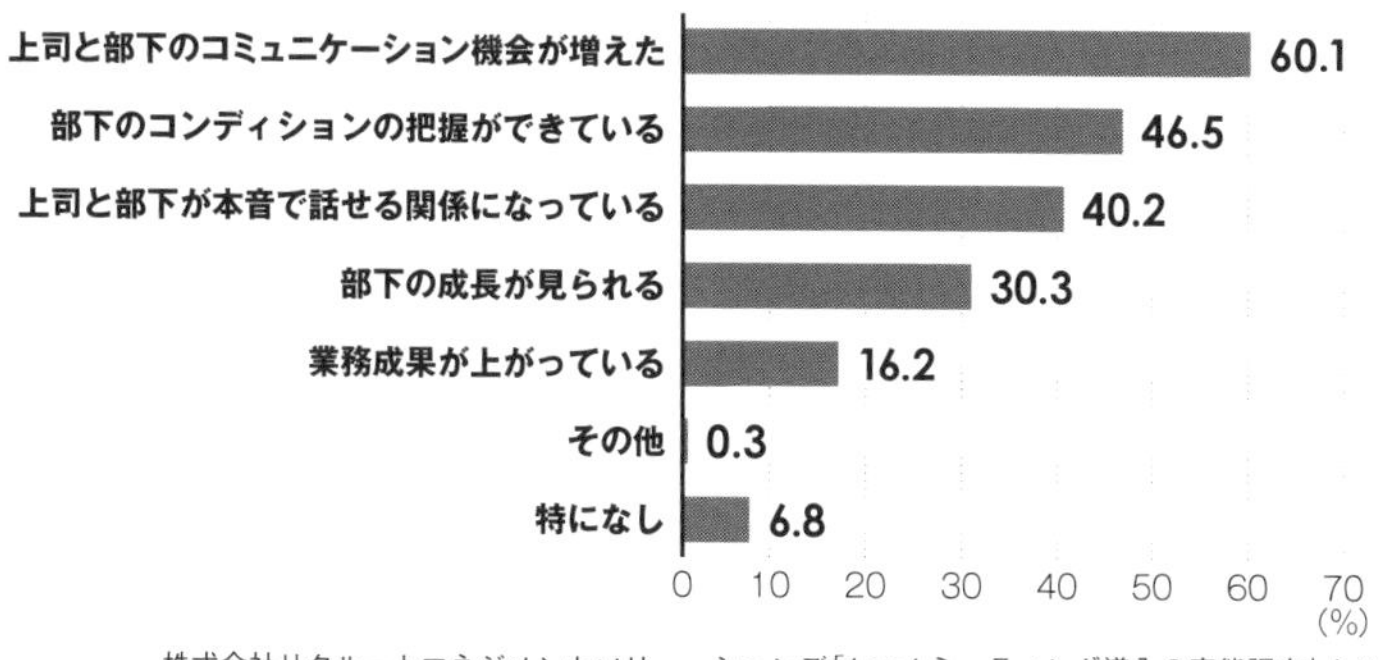

株式会社リクルートマネジメントソリューションズ「1on1ミーティング導入の実態調査」より

- 1on1のときはわかってくれたと思ったけど、日常業務を見る限り、特に変化は見られない
- 1on1の後は打ち解けた関係になったと思ったけど、再び話してみると以前と変わらない態度だった

1on1の課題を整理する「10の視点」

ここからは1on1の課題を整理していく。現在における1on1の課題を最大公約数的に整理した上で、僕の見解を加味する形でまとめた。

以降、3つの枠組み、10の視点で構成した。

【制度に関する課題】

［1］不明確な目的

1on1の目的が定まっていない。僕が調査してきた限り、当人たちがそれを自

覚しているかどうかにかかわらず、課題の中ではこれが最も多い。

「とりあえずやってみよう」という意識自体は否定しない。ただし、「とりあえず」というその号令が、「とりあえず、深く考えるのはやめよう」に変換されているケースがあまりにも多い。そもそもの目的が明確でない場合、ミーティングの焦点がぼやけ、やらされ感のみが残ってしまう可能性がある。

[2] ミーティング時間の確保の難しさ

ミーティングのスケジュール調整が難しく、どんどん先延ばしになってしまう例が見られる。これは1on1を推奨する立場の部署（人事部等）としても、悩ましい課題だ。無理やり押し付けることはしたくない。

ただし、身体のどこかに不調を抱える人が、多忙を理由に健康診断を先延ばしするのと同じで、何かが見つかるのが怖かったり、単に面倒でやりたくないから「忙しい」と言っている可能性はあるので、注意してほしい。

【実行に関する課題】

［3］　不十分な準備

いくら飾らない気楽な面談とはいえ、最低限の準備はした方がいい。「今日は最低でもこの点だけは確認しよう」、「明日、この課題をぶつけてみよう」といった具合だ。「今日は何を話そうか」などといった言葉から始めるのは論外だ。

ただし、若者たちの中には、過度に準備するケースも見られる。その最たる方法は「同期に訊く」で、内容をあらかじめ把握することで当日に備えようという作戦だ。

［4］　所要時間の超過

図表2－2で一般的な1on1の所要時間を示したが、僕がヒアリングしてきた限り、これをオーバーする人が続出している。しかも、それをいいことと捉える向きも多い。深い議論ができている証拠というわけだ。

僕から言わせれば、それは本末転倒というものだ。しっかりと案件の議論をしたいなら、それは会議で設定されるべきだ。1on1は居酒屋談義ではない。会議で議論できない人が、心理的安全性の担保をいいことに、1on1でぶちまけるのは間違っている。もし議論が白熱しそうなら、「よし、それは今度の会議の議題にあげよう」とまとめること。

[5] 課題解決の追求

[4]と類似するが、頻繁に見られる課題なので強調したい。1on1は課題解決の場ではない。1on1であれプライベートであれ、人から悩みを相談されると、なぜか解決しようと白熱し、詳細を詰めだす人がいる。

1on1はあくまでも共有がメインであり、課題解決のスイッチは別の場で発揮していただこう。念を押すが、くれぐれも批判的に課題を詰めたりしないこと。

どうしても言いたくて我慢できない、あるいは相手が解決策を求めている、という場合は、㋐自分ならどうするかを話す(あくまで自分を主語にして)、㋑過去の類似例を紹介する(あくまで参考として)、のどちらかから入ることをおすすめしておく。

［6］　フィードバックの欠如

上司側が具体的なフィードバックを提供せず、部下の成長を支援しない場合、1on1の価値は著しく低下する。

具体的なフィードバックの代わりに、評価や感想を述べる人も多い。あえて言おう。若手はそういったことは求めていない。では、どういったフィードバックが効果的なのか。この点はとても重要なので、後の章でしっかり論じたい。

［7］　マンネリ化

これも比較的よく聞かれる課題だ。毎回、同じトピックやアジェンダでミーティングが進行するので、話すことがなくなるということらしい。

基本的な対策は［3］と同じだ。本当に他の議題がないか、事前に考えること。もし、それでも特にトピックがなければ、その回はスキップすればいい。

【心理的な課題】

［8］　オープンな対話の不足

一連の課題をヒアリングしてきた中では、これもとても多い印象だ。形式的なことしか言わない上司、言質（げんち）を取られることが怖くて曖昧な助言しかしない先輩、自分の意見を遠慮して言わない後輩、とにかく上司の望む回答探しばかりする部下など、これまでの調査研究で聴取したエピソードを振り返るだけで、若干熱が出そうだ。

いずれの場合も、対話が表面的になり、ミーティングが形骸化する。この課題は本当に手強く、よって本書の最大の焦点と言ってもいい。

[9] フィードバックの受け入れの難しさ

フィードバックに関する課題は、主に与える側に起因する。が、少なからず受け取る側にも課題はある。特に、極端に自己肯定感が低い人の場合は、素直にフィードバックを受け取ることができず、どうしても「そんなことを言うなんてひどい」、「きっと何か裏があるに違いない」などと思ってしまう。

この感覚がわからない人にとっては、性格が曲がっためんどくさいやつ、としか思えないわけだが、当の本人としては、それなりに深刻な問題だ。

［10］　その他1対1の空間だからこそ発生する課題

信頼関係の構築は1on1の大目的の1つなわけだが、そこに至るプロセスにおいて、些細だが避けて通れない課題は思ったよりも多い。

例えば、年上の部下がどうも上司である自分を見下しているように感じる、上司が自分を異性として見ている気がして落ち着かない、タバコ臭いの勘弁してほしい等々、1対1の空間だからこそ発生する課題は多い。これらは1on1の直接の課題ではなく、よって僕の研究対象ではないので論じることはできないが、これらの課題は本人が気づかない限り解消されない場合が多い。

（僕も含めて）日々のセルフチェックを意識したい。

1on1に、即効性を求めてはいけない

実は、右記10個の中にうまく括れない課題が1つ残った。それが「上司や先輩の面談スキルの不足」だ。これはもう1on1の話をすると必ずと言っていいほど俎上に上がる、いわば必出課題だ。

図表2－5を見ての通り、「上司負荷の高まり」を抑えて、「上司の面談スキルの不

図表2－5　1on1の課題

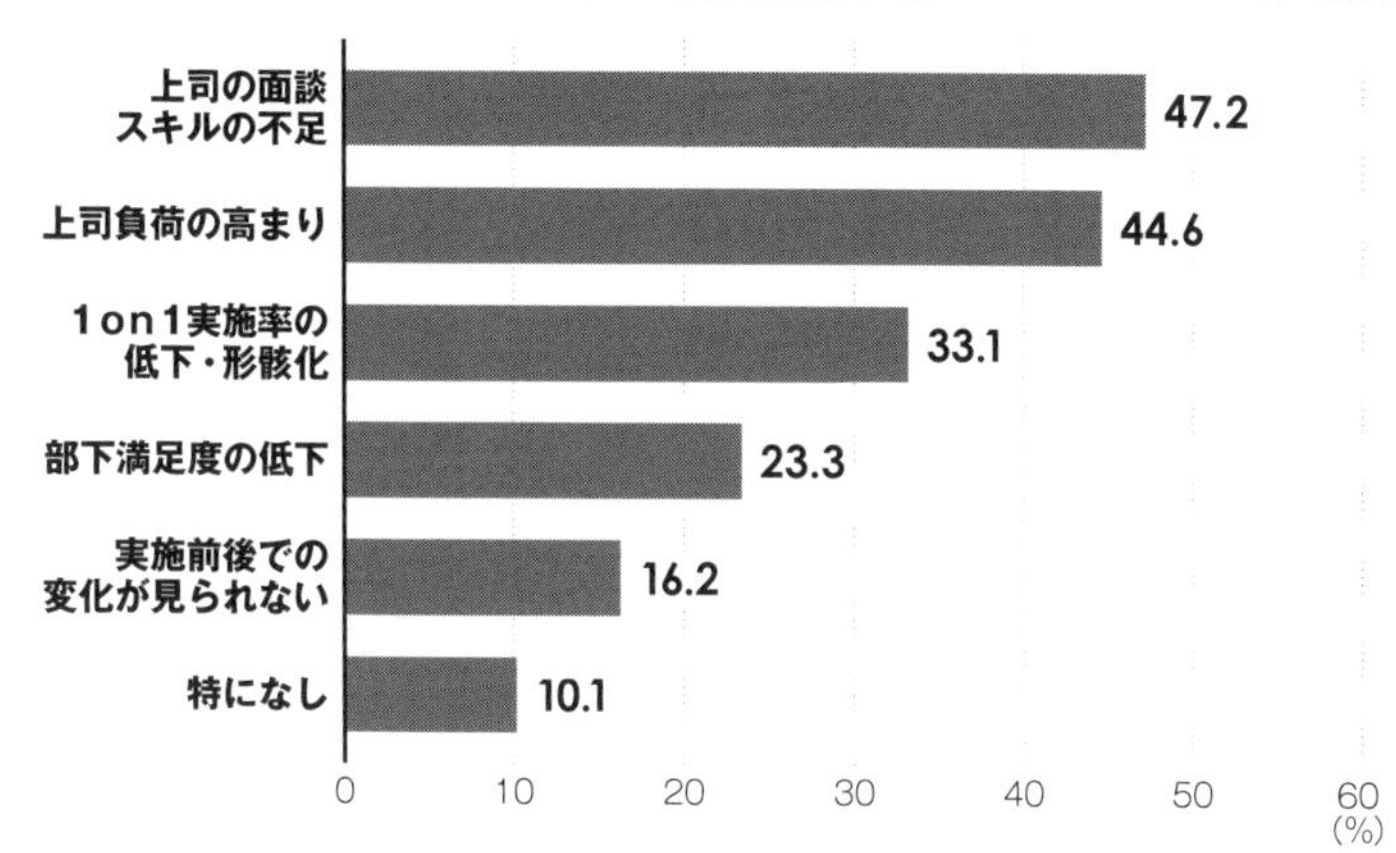

株式会社リクルートマネジメントソリューションズ「1on1ミーティング導入の実態調査」より

足」が第1位にあげられている。

後でも触れるが、僕は「専門家やそれに類する人たちが持つスキルや知識のごく一部を、わかりやすく切り取って安易に身につけようとする行為」を「ファスト・スキル」と呼んで、批判している。完全に否定するつもりはないが、期待するほど得られるものはない、というのが僕の考えだ。

ただ、このくらい面談スキル不足に悩んでいる人がいるとなると、ファスト・スキルでもなんでもとりあえず欲しい、という気持ちはわからないでもない。

わからないでもないが、やはり

1on1で相手にするのは人間の心だ。ちょっと本を読んだり研修を受けたりしたくらいで、どうにかなるものではない。

1on1には、覚悟が必要だと思う。

ちょっと導入しただけですぐに結果が出るようなものではなく、長い旅となる覚悟だ。その長旅のプロセスでこそ、スキルは身につく。

第3章

1on1に求められるスキル

問：コミュニケーション・スキル（1on1を含む）に関する社内研修を行ったことがある。

筆者「101ヒアリング：人事担当者編」より
n＝40

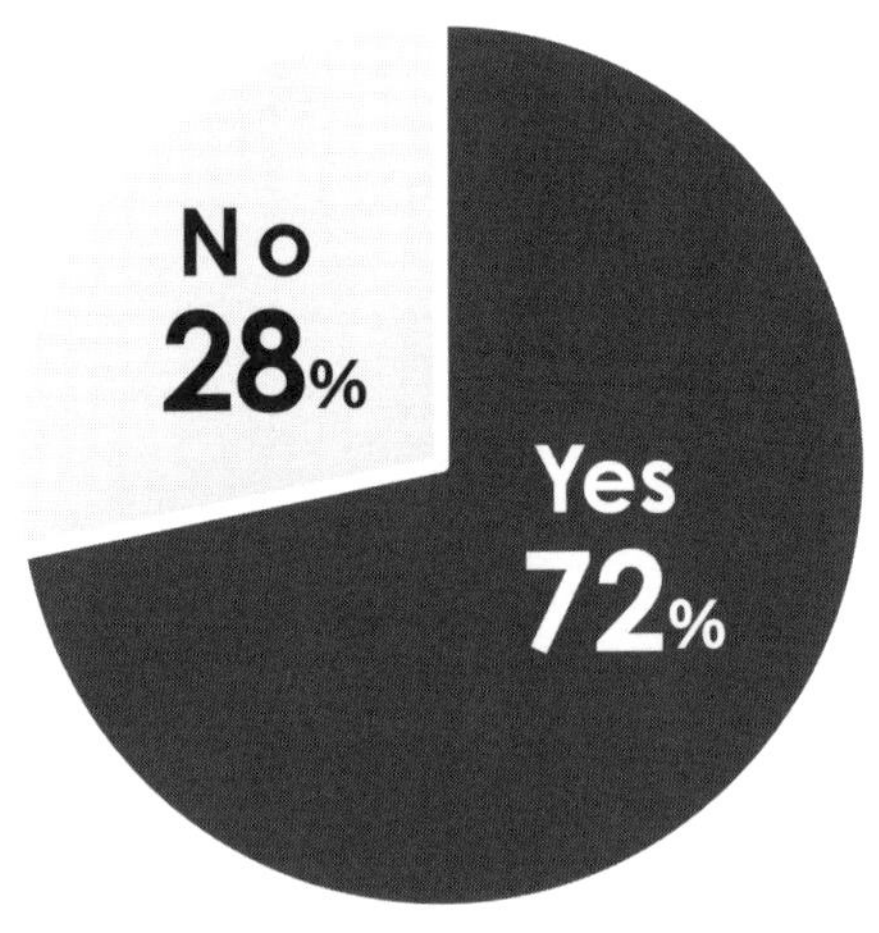

「コーチング」「カウンセリング」は、職人の世界

学術の世界では、「巨人の肩の上に立つ」という有名な言葉がある。先達たちが残してくれた知見は本当にありがたい。

ここでも先達たちの知見を借用しつつ、1on1に求められるスキルとは何なのか、その解像度を上げていきたい。

最初に見てほしいのは、サイボウズチームワーク総研が作成したスキルマップだ。図表3－1では、1on1と関連する4つのスキルが示されている。

縦軸に面談対象者の状態を表している。彼らが行う行為（1on1の場合は主に仕事）に対して、前向き（ポジティブ）か後ろ向き（ネガティブ）か、という程度を表現している。横軸には面談を行う側にとって、そのスキルは容易に実践可能か、という程度を表している。

どちらも、面談を行う上で最もクリティカルと思える指標を的確に抽出していて、秀逸のマップだ。

特に秀逸だと思うのは、1on1に転用可能なスキルとして頻繁に取り上げられる2

図表3－1　1on1に必要なスキルの位置づけ

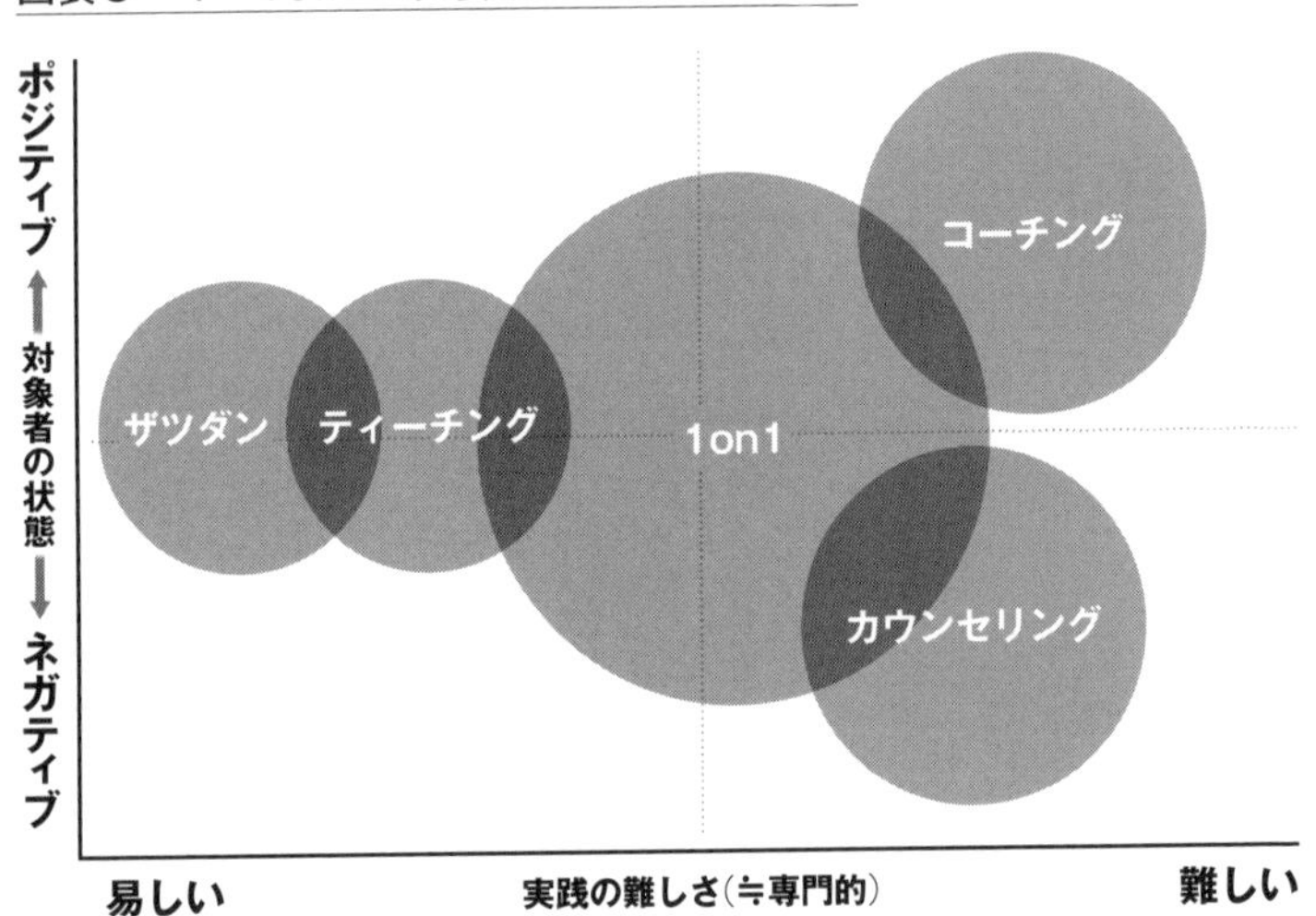

サイボウズチームワーク総研 Blog記事「サイボウズ流1on1ミーティング『ザツダン』とは？」より

つのスキル「コーチング」と「カウンセリング」を明示的にすみ分けているところだ。

僕自身、これらを専門として職に就いている人たちを多く知っているが、どちらも極めて高いスキルを要する。ある種のノウハウが凝縮された技能と言ってもいい。

ただし、工芸職人の技能のように、過程や結果が目に見えるわけではない。そのことが、他業種の人からすると（特にコミュ力の高い人からは）比較的容易に習得できそうだと思われる要因になっている。

さらに「コーチング」や「カウン

セリング」は、生身の人間を相手にしている分、自分の行為における原因と結果の因果性が不透明なため、自分の行為に対する評価が得られにくい構造にある。

ここでは、これらのうち特に頻繁に言及される「コーチング」について触れよう。

コーチングに必要な「4つの視点」

まずはコーチングのおさらいから。もう知っている、という人もぜひ学び直してみてほしい（きっと新たな学びがあると思います）。

コーチングと聞くと、どうしても「コーチ」（部活やスポーツクラブの指導者）を想像してしまう人も多いと思うが、一旦それは忘れてほしい。

コーチングとは、主に個人のパフォーマンス向上や成長を支援する手法全般を指す。その過程として、質問、対話、フィードバック、その他非言語（ノンバーバル）コミュニケーションを通じて対象者が自己理解を深め、目標を達成するための行動計画を立て、実行するのを支える。

よって、その定義は「対象者が自分自身の強みや課題を認識し、自ら成長の機会を見つけるのを支援すること」となる。

コーチングの主な役割として、僕なりの視点として次の4点に整理してみた。いずれも1on1に応用可能な視点ばかりだ。

1　目標設定や計画立案の支援

多くの場合、コーチングは対象者が達成したい目標を設定し、それを具体的な行動計画に落とし込むことから始まる。コーチと対象者は目標を共有し、どのように達成するかの戦略を、対象者が納得する形に落とし込む。

2　質問・対話

優れたコーチは「正しいタイミングで、正しい質問をする」というのが僕の考えだ。対象者に対して必要な質問を投げかけることを起点に、自己探求や自己理解を促す。質問されることで対象者は、自分の考えや感情について深く考え、新たな視点や解決策を見つける。

3　振り返り

コーチは対象者に対して適切なフィードバックを提供する。その目的は、対象者の行動や思考の修正ではなく、あくまでも対象者自身が結果を振り返る機会を得るためである。

4　自己理解と成長

2で書いた通り、コーチングの目的の1つとして、対象者の自己理解を深め、その上で自己成長を促すことがある。一般的にコーチングの世界では、このことは対象者の短期的な成果や業績よりも優先される。したがって、ときには対象者の悩みをすぐに解決しようとせず、待つ、見守る、といった姿勢も重要になる。

いかがだろう？

全体を通してわかる通り、コーチングの最終的な目的は、対象者が自分自身の強みや課題を認識し、自ら成長の機会を見つけることにある。専門書ではいろいろと細かな解説があって勉強になるが、コーチングが目指していることと言えば、もうこの1点に尽きると思えるほどだ。

対象者が自分で決定し、行動を起こし、その結果がどうであろうとも、責任は自分のものだという認識を持つことで、必然的に自己理解が深まり、自己効力感が高まる。

あえて平易な言葉で言えば、「自らの意思で目標を設定し、そこへ向かって行動を起こし、成長すること」を支援するのがコーチングだ。

この体験をすることによって、対象者はより自分を信じることができ、さらなる目標へ向かって歩みを進めることができるようになる。

「正解のない時代」にこそ生きる1 on 1

一見して、コーチングと1 on 1には、多くの共通点があることがわかると思う。

特に、第1章で述べた現在のビジネス環境を考慮すると、1 on 1の実行においてコーチングをお手本とすることの必然性がわかる。

ビジネスにおいても、「答えがない世界」と言われるようになって久しい。

決めごと、決まりごとだけを実行していれば前に進めるという時代ではなくなった。

これは一部の人にとっては、「大変な悲劇」と言っていい。

だからこそ、上司と部下、先輩と後輩は、お互いのビジョンやミッションを共有しつつ、その場その場で臨機応変に業務に取り組む主体的な姿勢が尊重される。

なぜそのことが「大変な悲劇」なのかというと、主体性という聞こえのいい言葉で覆い隠されているが、その実は「正解なのか、余計なことなのか、今はわからないけど自らの意思と責任で選べ」と言われていることと同義だからだ。

だからこそ、答えとマニュアルとお手本があって、横並びの世界へ逃げ込もうとする「いい子症候群の若者たち」が増える、というのが僕の主張だ。

さらに、「特に若者にその傾向が強い」と言っているのであって、「いい○△症候群」はすでに先輩世代の多くにも蔓延(まんえん)している。

実際、逃避したい気持ちはよくわかる。批判するつもりは全くない。「正解か、余計なことか、自己責任で選べ」の世界はしんどい。本当にしんどい時代になった。

そんな時代だからこそ、1on1の出番だ。年に1~2回じっくりと、というパターンもありだが、それよりも、回数多め×頻度高めの1on1が重宝される。

難しい時代だからこそ、誰もストレートに正解を教えてくれるとは思っていない。

でも、「確かにそれは難しいけど、俺ならこうするわ」という先輩の意見が聞ける。

「責任は私にあるんだから、あなたは今正しいと思うようにやっていいからね」という上司の言葉が貰える。

後に述べるが、コーチングのコーチは、先輩でも上司でもないから、こういった言い方はしない、できない。

その意味で、1on1とコーチングは決定的に異なる。

ただ、その心は「自らの意思で目標と行動を設定し、自己成長につなげることの支援」にあることに鑑みると、1on1とコーチングは深いところでつながっているとみることもできる。

コーチングにおける「7つの課題」

コーチングと1on1の共通点について触れたので、今度は相違点にいきたいところだが、その前に、コーチングの世界ではどんなことが課題とされているのかを確認したい。そのことが、1on1を振り返る上でも有用だからだ。

【コーチ（コーチをする側）の課題】

【1】スキルと経験の不足

当然のことだが、あえて入れておこう。コーチングを行うためには専門的なスキルと経験が欠かせない。「正しいタイミングで、正しい質問をする」ことがどれほど難しいか、ご想像いただければ幸いだ。十分なトレーニングを積んでいないコーチは、効果的な支援を提供することはできない。

【2】時間とリソースの制約

コーチングは、長期間にわたる継続的な取り組みが必要となる場合が多い。そのために十分なリソースを確保できないと、結果的に中途半端な結末を迎える。

【3】行動・進捗のモニタリング

僕はこれがとても重要だと思う。対象者の行動や進捗を適切にモニタリングすることができないと、結果的に対象者をミスリードしてしまう可能性が高くなる。かといって、行動のすべてを見張ることはできない。適切なモニタリング方法を、コーチと対象者でしっかりと詰めていく必要がある。

［4］　適切なタイミングの見逃し

［3］と近い課題となるが、コーチングは、どのような支援をするか、という方法の選択の問題もあるが、それをいつ行うか、というタイミングも重要なパラメータになる。適切なタイミングを逸してしまうと、対象者にとっては逆効果になる可能性すらある。

【対象者（コーチを受ける側）の課題】

［5］　不明確な目標

対象者が具体的な目標を持っていない場合、コーチングの方向性や焦点がぼやけてしまう。コーチングは、あくまで対象者発である必要がある。

［6］　対象者の態度・スタンス

［5］と関連して、対象者がコーチングを受け入れる準備ができていない、ある

いはその意欲がない場合、どんなに優れたコーチでも十分な支援をすることは難しい。

［7］コーチとの相性

これを言うと元も子もない気がするが、それなりに多くの書籍で触れられている課題だ。コーチと対象者の信頼関係は、コーチングの過程で育む重要な要素であることから、相性の問題は避けては通れない。このことは、スポーツ選手とエージェント（契約交渉等の代理人）との関係でも、よく指摘されているようだ。

認識すべき「コーチング」と「1on1」の決定的な違い

以上を踏まえて、コーチングと1on1の違いを整理したい。これらの相違点を認識することはとても重要だと思うのだが、どうしても軽視されがちだ。多くの書籍においてそれなりに強調されているにもかかわらず、読者の方がどうしても後回しにしてしまっている印象がある。

押さえておくべき相違点を、以下の5点に整理した。

相違点1：対象者の意欲

1on1は、ネガティブな思想・姿勢の人も対象になる。

これが1点目の違いだ。いったいどういうことか？

ここまでコーチングの課題を読んで、すでにお気づきかもしれないが、コーチングは「対象者は自分がなすべきことに対して、ある程度コミットしていること」が前提となっている。

改めて、図表3－1を見返してほしい。コーチングはポジティブな意欲を持つ対象者が前提だが、1on1はそうではない人、むしろ自分の行為(この場合だと仕事や業務)にネガティブな姿勢を取る人も対象にしなければならない。

というか、1on1を実施する上司から言わせれば、ポジティブ派の方がずっと少ない、というのが実情ではないか。

そんな中、コーチングを参考にしようとしても、うまくいくはずがない。

この違いは極めて大きい。

同様に、スポーツで成功した監督のノウハウを解説した記事や書籍も多いが、どこか違和感を持つ人も多いのではないか。

最近では、サッカー日本代表の森保一監督、青山学院大学陸上競技部の原晋監督、慶應義塾高校野球部の森林貴彦監督などだ（いずれも2023年10月現在）。

いずれも読み物としてはとても面白く、勉強にもなるが、実務応用を考えるとやはり違和感が残る。その違和感のほとんどは、対象者のコミットメントと基本的な能力水準の差にある。

実は、金間ゼミの運営についても頻繁に尋ねられる。どうしたら（金間ゼミのように）ゼミ生の意欲を喚起できるのか、という相談だ。

だが、これも構造は同じ。もちろん箱根駅伝や甲子園で優勝するようなチームとは比べ物にならないが、「金間ゼミでやっていくためには、それなりの覚悟が必要」みたいな噂が学内に広まっていて、結果として一定のセレクションがかかっていることも事実だ。

その意味では、図表3－1の下半分にある「カウンセリング」を学んだ方が効果的ではないか、と思えてくる。ネガティブな思想や姿勢を持った人をどう支えるか、という点が学べるなら、むしろそっちでしょう、という考えだ。

しかし、残念ながらカウンセリング・スキルの主な対象は、平均的な枠を外れてしまった人、という意味合いが強い。

これまで観察してきた限り、ちょっと元気のない程度の人がカウンセリングを受けたとしても、「うんうん、仕事、つらいんですね。人間関係、大変ですよね。わかります。悩んでいるのはあなたひとりではないですよ。話してくれてありがとう」、というやり取りが中心になる。

つまり、まずは話してもらう、ということが目的になる（カウンセラーの皆さん、詳細をはしょり過ぎてごめんなさい）。

そう考えると、1on1は、コーチングにもカウンセリングにもない、独自の領域を切り開こうとしている。

相違点2：優先順位

先に、コーチングの目的は、「対象者が自分自身の強みや課題を認識し、自ら成長の機会を見つけること」と述べた。また、この過程においては、短期的に成果をあげられなくなることが黙認されることもある、とも書いた。

企業における1on1では、成長＞成果の優先順位をそのままインストールするわけにはいかない。コーチングのコーチは支援者、1on1の面談者は上司だ。立場が違う。上司が部下に「結果は重要ではない」なんて、そうそう言えることじゃない。やや極端ではあるが、上司にとっては成果＞成長なのだ。

また、コーチがしているのは支援・サポートであり、上司がしているのはマネジメントだ。コーチはほぼ目の前の対象者のことに集中できるが、上司は部下全員に気を配らなければならない。

マネジメントとは調整であり、調整はコーチングの中ではほとんど登場しない。マネジメントでは、あっちを立てればこっちが立たず、なんて日常茶飯事だ。一人に気を使うより、組織全体を考えなければならないことは山ほどある。

そう考えると、コーチングと1on1は、その前提がまったく異なることがわかる。

相違点3：ティーチングの有無

ひと言で言えば、「コーチングは教えない。上司は教えないと話にならない」。

図表3－1に掲載しながら、ここまでほとんどティーチングについて論じてこなか

った。コーチは、コーチングの専門家であって、対象としている行為の専門家かどうかは別だ。したがって、原則として、細かなティーチングはしない場合が多い。

この点、日本では事実上、2通りのコーチが存在している。1つはこれまで論じてきたコーチングの専門家。もう1つはティーチングを主とするコーチだ。

後者の場合で最もわかりやすい例は、プロ野球のコーチかもしれない。

例えば、2023年の北海道日本ハムファイターズには、新庄剛志（しんじょうつよし）監督のほか、投手コーチ、打撃コーチなど、1軍8人、2軍8人の合計16人のコーチが在籍している。彼らの仕事は、自分が専門とする行為に関するあらゆる指導だ。むろん、そこには技術的な要素もメンタル的な要素も含む。

時間をかけていろんな業界を調べてみたが、日本のコーチのほとんどは、この後者のパターンに属する。

調査研究する過程で触れた種々の論説によると、この「専門家がコーチをする」パターンには、功績と罪過の両面があるようだ。

「名選手必ずしも名監督にあらず」という言葉の通り、あることに詳しくなると、どうしてもその点についてこだわりを持ったり、必要以上の質を求めたりしたくなる。よって「客観視するなら、隣の分野から見るくらいがちょうどいい」という言い方もよく聞く。

逆に専門家の教えが効果的なのは、基礎を習得するときだ。「対象者自らが目標を設定し……」といったことも大事だが、基礎ができないのでは話にならない。

この点、企業の業務に鑑みても、まず必要なのは、厳密な意味でのコーチングではなく、ティーチングだ。

（本書も含めて）ことさら「正解の見えない時代」であることが強調されがちだが、それは高付加価値化あるいは差別化された領域の話であって、その仕事の「土台」には社内あるいは業界内で共通した「正しいこと」が当然存在する。

例えば付加価値や差別化をメインで扱うコンサルティング・ファームでも、入社後、まず徹底的に叩きこまれるのは秘密保持義務だ。そんなところで主体的にリスクをとり、チャレンジ精神を発揮してもらっても困る。

1on1においても、この「土台」がしっかりできているかを確認する必要がある。

相違点4：代替可能性

第二、第三の相違点と関連するが、コーチは現役選手ではない。イチローさんのように、「選手兼コーチ」みたいなスーパーマンはたまにいるが、原則は違う。

この点の何がそんなに大きく違うのかというと、代替可能性だ。基本的に、上司や先輩は、部下や後輩に代わって業務をやろうと思えばできる。コーチングに、それはない。

仕事の「土台」に当たる部分は、ほぼ間違いなく先輩世代の方が身についている。1on1は、上司部下ともにそのことを認識した上で行われる。だからこそ、ティーチングが重要な要素になるし、部下側も上司の経験談を問うことができる。

その土台がほぼ完成してくると、いよいよ上司や先輩が持っていない部下なりの「独自性」が重要になる。

昨今の企業経営者と話す限り、多くの経営者はいち早く、そして一人でも多くこの領域に導きたいと願っているようだ。そうなることで、より組織への貢献度は高くなるし、特に横断型プロジェクトなどでは力を発揮するようになるからだ。

「基本が身についてくると、だんだん私の言うことを聞いてくれなくなるんですけどね」なんて言いながら、上司はちょっと嬉しそうだったりする。

「土台」形成のためのティーチングと、「独自性」形成のためのコーチング。

この2つの育成要素が混在しているのが1on1と言える。

相違点5：評価の必要性

最後はやはりこれだろう。1on1には、雇用契約に基づいた評価が伴う、という点だ。

コーチングは、自ら目標を設定し、それを達成しようとする対象者と、客観的立場から対象者らを支援するコーチとの関係性によって構成される。他方、1on1は、同一組織によって雇われた2者が、その組織運営の一環として行われる。

そして、この文脈において、最もクリティカルに効いてくるのが「評価」だ。

上司や先輩は、1on1の過程において、部下や後輩の中長期的な成長支援を重視しつつ、目の前のタスクに対する評価や指導を行う必要がある。これは単に、1on1が中長期と短期の両方を同時に扱う難易度を指摘するものではない。

被雇用者は、業務時間内に行う職務を通して、組織の利益や生産性の向上に貢献しなければならない。上司らは、その視点から部下らを指導・評価することもまた、彼らの職務である。原則として、学校の部活動のように、自主的な活動を前提としていないのだ。

「○○したい」という人を支援するコーチングと、「○○しなければならない」という状態を管理する1on1。この違いは決定的とも言える。

部下らから見れば、対話の対岸にいるのは「味方」である以前に「評価者」でもあるのだ。

第4章

1on1に対する「若者の本音」

「101ヒアリング」を通じた若手人材の分析

僕は普段、イノベーション論を研究している。

といっても、よくわからないかもしれない。要するにイノベーションを効果的に起こす仕組みの研究だと思ってもらえれば、当たらずとも遠からず。

その過程で、イノベーション人材（昨今ではアントレプレナーと呼びます）の研究にも、それなりに長いこと従事してきた。当然、日常的に多くの文献に目を通す。

本書を執筆するにあたっては、そういった研究成果に加えて、企業に所属する101人に質問に答えてもらう機会を得た。

この101人は、大きく2つのグループから構成される。1つは、すでに1on1経験済みの、若手と呼ばれる人たちだ。下は新卒から、上は30代くらいまでが対象となる。こちらが合計61人。

もう1つのグループは、企業の総務部や人事部に所属する（あるいは、かつて所属していた）人事担当者だ。こちらの年代は問わず、合計で40人。

当初の企画では、それぞれ50人ずつ、合計100人を目指していた。が、人事担当者のヒアリングにやや手こずった反面、若手人材の方が進捗し、この数に至った次第である。

本当は、「100人インタビュープロジェクト!」と、カッコよく発表したかったのだが、結果的に興味深い話をたくさん聞くことができ、「101」は「1on1」と字面が似ていたのでヨシとする(ご協力いただいた皆さま、お忙しい中、本当にありがとうございました)。

こうして得られたデータセット「1on1に関する101人ヒアリング」を、「101ヒアリング」と呼称して、以降の分析に役立てていきたい。

まずは、このうち若手人材の方を主なデータソースとして、彼らが1on1をどのように捉えているかを(赤裸々に)可視化していこう。

1on1苦手度チェックリスト

本題に入る前にもう1つ、事前準備の説明をしておきたい。

本書執筆にあたって、主に若手の皆さんが、1on1をどの程度苦手と思っているかを測る指標を開発した。

これを使うことで、若手の皆さんがどのくらい1on1に対して苦手意識を持っているかを客観的に知ることができる。

「余計なものを開発して」と思われたかもしれないが、「解決したければまず測れ」、「測れないものは伸ばせない」が僕のモットーなので、悪しからずご了承いただきたい。

実際に便利なので、さっそく自分で若手人材の61人に回答してもらった。正確には、最初の数人は試験的調査として回答してもらった(パイロット調査といって、回答してもらったのち必要な修正を加える)ので、データセットから除外した。

また、欠損値が含まれる回答は除くことにした。結果として、47人分の回答がここでのサンプル集団となる。

実際に開発した1on1苦手度チェックリストを図表4－1に掲載する。

また、47人の回答結果を図表4－2に示す。

ご覧の通り、10個の設問文に対し、6段階の順位尺度で回答してもらう形を採用した(このような尺度をリッカート・スケールと言います。6段階に限らず、4段階、5段階、10段階など、その時々によって、最適な尺度を選びます)。

図表4－2では、各設問において「4」以上をチェックした人の割合を示した。例えば、1つ目の設問では、57％の人が、「1on1が終わった後も、特に変化はない」と

図表4－1　1on1苦手度チェックリスト

Q. あなた自身のことについて、1から6までの数字のうちもっとも適切なものを選択して下さい。なお、ここでいう「1on1」とは、所属企業において実施されている上司との1on1全般を想定して下さい。

項　目	当てはまらない					当てはまる
1on1がある日はちょっと気が重い	1	2	3	4	5	6
1on1では、なるべく具体的な話にならないようにしている（抽象的な内容にとどめる）	1	2	3	4	5	6
1on1の前に、同期にどんなことを聞かれたのかを確認する	1	2	3	4	5	6
1on1では、だいたい事前にどんな返答をするか決めている	1	2	3	4	5	6
1on1のリスケがあると少しほっとする	1	2	3	4	5	6
1on1では、なるべく何も要求しないようにしている	1	2	3	4	5	6
1on1が終わった後も、特に変化はない	1	2	3	4	5	6
1on1の議題の中に、定例の業務連絡があるとほっとする	1	2	3	4	5	6
1on1ではなるべく相手に話してもらい、自分はそれを聞く時間にする	1	2	3	4	5	6
1on1では、あまりプライベートなことは聞かないでほしい	1	2	3	4	5	6

いう項目に対して、少なくともある程度は当てはまる、と感じていることになる。こうすることで、「1on1は苦手だな」と思う人の割合が直感的にわかる。

次の図表4－3は、「『4』以上をチェックした項目の数」を横軸にとったものになる。縦軸に人数を置くことで、1on1に苦手意識を持つ人がどのくらい存在するかが可視化される（縦軸が人数なので、合計は47になります）。

結果としては、だいたい事前に予測した通りとなった。

ここでは、図表4－3から、以下のように分類してみたい。

該当する項目数0～2個＝「1on1強者」21％（0個という強者が3人も）
該当する項目数3～4個＝「ケースバイケース」30％（4個が最頻値になりました）
該当する項目数5～7個＝「1on1苦手傾向あり」30％（最頻値の隣のボリュームゾーン）
該当する項目数8個以上＝「1on1弱者」19％（9個が4人、10個が2人も……）

若者の1on1に対する「6タイプ」

ご覧の通り、若手の中には、1on1を非常に好意的に捉えていて、進んで有効活用

図表４－２　1on1苦手度チェックリストの各項目において4以上をチェックした人の割合

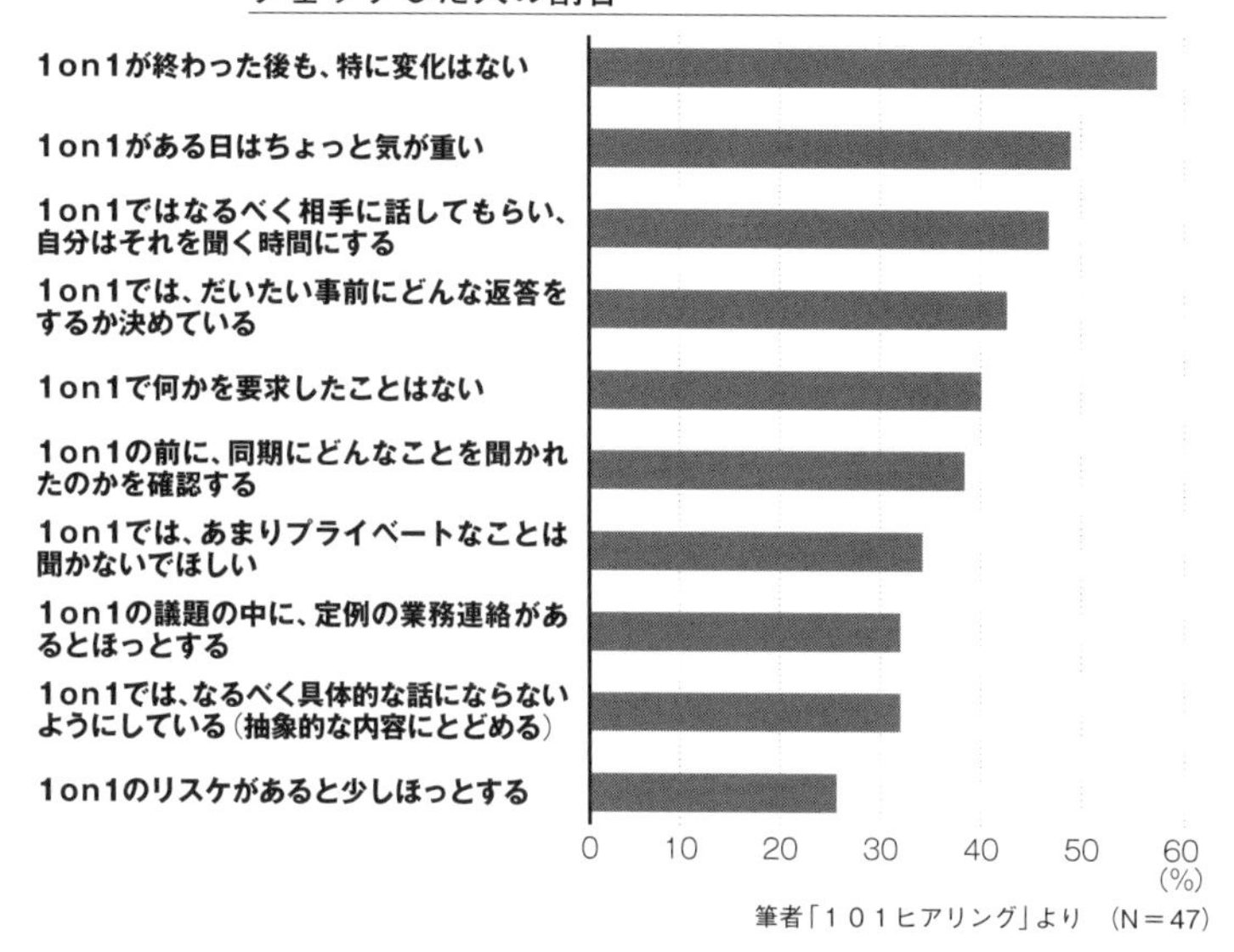

筆者「101ヒアリング」より　(N＝47)

図表４－３　「4」以上をチェックした項目の数と人数の関係

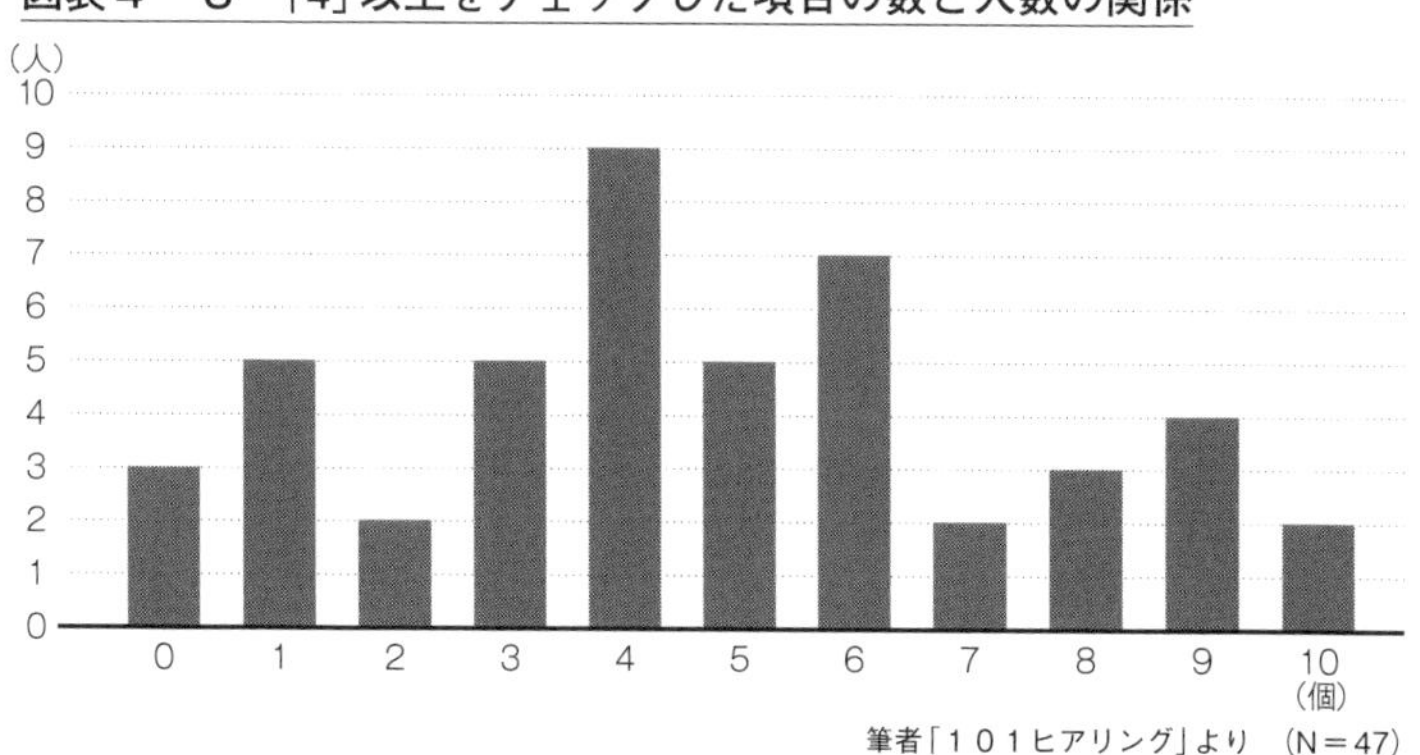

筆者「101ヒアリング」より　(N＝47)

図表4－4　1on1に対する6つのタイプ

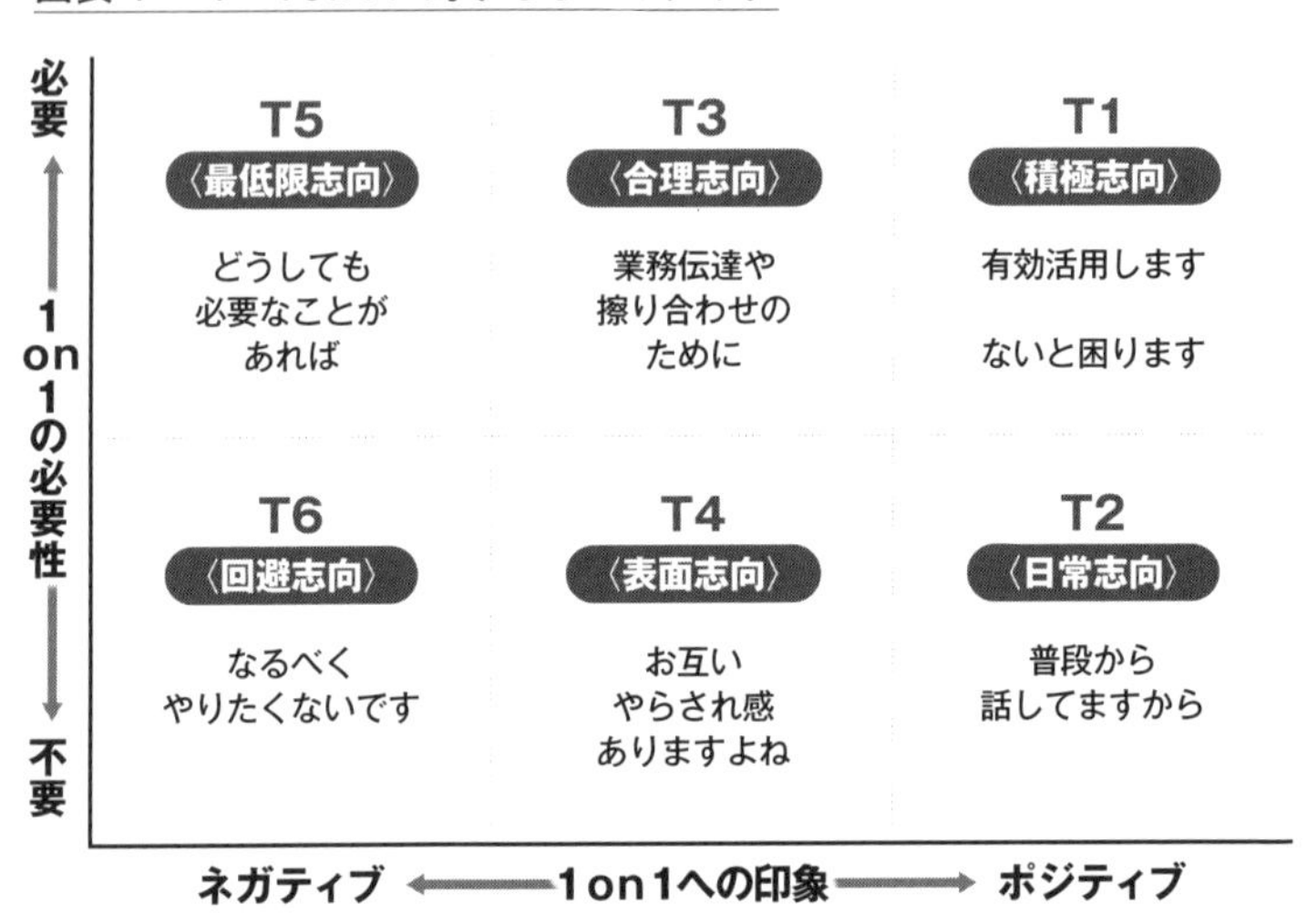

筆者「101ヒアリング」より

しようとする人もいれば、苦手意識を持っており、なるべく避けようとする人もいる。

しかし、そんな表面的な好き嫌い（あるいは得手不得手）の中にも、いろんな認識を持った人が存在することがわかってきた。そこで本書では、101ヒアリングの結果をもとに、図表4－4に示す6つのタイプに分類した。

横軸は、1on1に対する好感（嫌悪感）度を表す。右に行くほど1on1に対しポジティブな感情を持ち、左に行くほどネガティブな感情が強くなる。この軸は、「1on1苦手度チェックリスト」における苦手割合とも整合する。

縦軸は、そんな感情とは関係なく、1on1が必要と思うかどうか、で二分した。

こうすると、ご覧の通り3×2の6つの箱ができる。それぞれの箱には、それぞれの特徴が浮かび上がる。

その特徴を踏まえて命名した結果が、図表4－4の「〇〇志向」になる。その下のフレーズは、それぞれの特徴を持つ人が放つ典型的なコメントと思ってもらえれば幸いだ。

以降、彼らの特徴を概観してみよう。皆さんの身近な部下や後輩は、どのタイプだろうか？

T1〈積極志向〉「どんどん有効活用したいです」「もうないと困ります」

文字通り、1on1を積極的に活用しようと考えるタイプだ。場合によっては、「ないと困ります」という人もいる。101ヒアリングでは、次のような回答がこのタイプの典型例だ。

「上司からの問いかけによって、自分の足りない部分や整理できていない部分が見えてくるので、有意義な時間になっています」（20代・女性）

「（1on1では）先輩と直近の行動を確認することになるので、それを踏まえ『次の1on1までに修正しなければいけない』という良い緊張感が生まれる」（20代・男性）

実に前向きな回答で、頭の下がる思いだ。

また次のコメントのように、もっとシンプルに、堅苦しくない対話の場を好評価しているケースも多い。

「いわゆる『面談』より堅苦しくなく、自分の業務についてざっくばらんに相談できる」（20代・女性）

「今後の業務を円滑に進めるためのコミュニケーションとしてちょうどいい感じ」（20代・男性）

なお、この〈積極志向〉には、2つのタイプが混在していることもわかってきた。

1つ目は、上司や先輩との対話そのものを重視しているタイプだ。オープンで開放的な性格の持ち主で、それを理解してくれる上司に巡り合えた幸運に感謝していた。

「1on1では基本的に、仕事やプライベートでうまくいったことや、もう少しこうすればよかったと思うことを話しています。上司はそれを踏まえて、次のアクションのきっかけを作ってくれています」（20代・女性）

〈積極志向〉のもう1つのタイプは、1on1を合理的に捉え、有効活用している人たちだ。

「1on1では、どちらかというと自分のコアスキルに目を向ける時間と捉えています。例えば、適切なタイミングで相談ができる提案力、案件の状況を適切に伝えられる論理力など、自分にとって必要な能力・スキルに関するフィードバックをもらえるのが大きいですね」（20代・男性）

「組織やチームに対する上司の考えを直接聞けますし、個人では解決困難な問題を組織的な課題へと繋げるためにも、欠かせない場だと思っています」（20代・男性）

いずれの回答者も、自分が与えられた職務に対して前向きで、聞いているだけでエネルギーをもらえる。と同時に、適度な緊張感も伝わってくる。その意味では、「うわ、こんな部下が来たら怖いな……」と思った人も多いかも？（↑この点、ポイントになるので覚えておいて下さい）。

ただし、そんな〈積極志向〉との1on1にも落とし穴がないわけではない。

後で詳しく掘り下げたい。

T2〈日常志向〉「まあ普段から話してるし、いらないんじゃないですかね」

1on1に対してポジティブな感情を抱きつつも、その必要性を感じていない、という人は思ったよりも多かった。

そう感じる最たる理由は「普段から対話しているから」だ。

「日頃からオープンに話せているので、1on1あってよかったー、と思ったことはない」（20代・男性）

「今、在籍している部署が少人数なこともあり、日常的な対面やチャットで十分コ

ミュニケーションは取れていると感じています」（30代・男性）

また、こういった日常会話の重要性を知っているためか、1on1よりもよっぽど普段の風通しのよさが大事、といった意見もあった。

「私は課題や悩みなどの相談があるときは、基本的に自分から訊きに行きたい派なので、会社の方針として1on1を強制されるのは正直面倒だなと思っちゃいます」（20代・女性）

「普段コミュニケーションを取っていないのに、その場しのぎで1on1をセッティングされても……。結局は日常対話の積み重ねが大事じゃないかと」（30代・男性）

彼らは「不要」と答えている通り、こういったケースでの1on1は業務時間を圧迫するだけになりかねない。日常的にコミュニケーションが取れているのであれば、1on1は取りやめにしてもよさそうだ。

T3〈合理志向〉「業務伝達としては機能してると思います」

この〈合理志向〉型と、次の〈表面志向〉型は、1on1自体への印象は良くも悪くもなく「相手次第」といったところがある。現実的な捉え方、とも言えるだろう。

特にこの〈合理志向〉をイメージする人たちからは、クールに1on1を見ているという印象を受けた。

「主に業務で困っていることの相談や、課題に対する改善案などを話す場として割り切っています」(30代・男性)

「当然ですが、仕事では良いことも悪いこともあるので、1on1ではきちんとフィードバックをもらえることが重要」(30代・男性)

以下の意見からは、さらに合理主義という印象を受ける。

「ある問題やテーマにおいて、お互いに合意を得るための、上司と部下の擦り合わせの時間だと思っています」(30代・男性)

「本来は上司と部下が本音で話し合う場なんでしょうが、実際には上司が部下に腹の内を全部見せられるわけはないですよね。だったら、変な親密感を狙ったりせずに、合理的にやったらいいと思っています」(30代・男性)

また、以下のような興味深い意見もあった。ここで言う義務1on1や自主1on1とは、会社が強制的に設定したのか、自分たち、あるいは部署内で決めたことなのか、という違いのようだ。

「義務1on1か、自主1on1かで、違ってくると思う。自分の場合は、義務1on1の場をホウレンソウの場として活用しているので、向こう(上司)もそういう認識で接していると思う」(20代・男性)

なお、この〈合理志向〉型は、結果的にすべて男性となったが、偶然だろうか(本書では、興味深い論点と考えつつも、性差に関する議論は扱っていません)。

T4〈表面志向〉「お互いやらされ感ありますよね」

クール、という意味では、この〈表面志向〉の人たちが最上位だ。先の〈合理志向〉の人たちは、クールに捉えつつも「必要」と考えていたが、この〈表面志向〉の人たちは「冷静に考えて無駄」という点が際立つ。

「上司が考えていることの話を聞かされる時間ですね。なんとなく抽象的な話に対する意見を訊かれて、なんとなく返さないといけない時間です」（30代・男性）
「自分としては、あまり意味のないものだと。部下から悩みや相談事が伝えられることで何かが改善されるケースは少ないと感じます。だったらなんで訊くんだろう、と」（20代・男性）

自分だけでなく、上司も無駄な時間と考えているだろう、と想像しながら1 on 1に臨む人も少なくない。深刻に捉えるべきか、それとも滑稽（こっけい）とみるべきか。

「始めたはいいけど、話すことがなかったり、あるいはどうにもできない課題に直

面した場合、気まずい間（ま）を埋めなければいけないのが面倒」（20代・女性）

「お互い様なのだろうけど、話下手の上司が相手の場合、対話がギクシャクしてとにかく窮屈（きゅうくつ）」（20代・女性）

また、こんな意見もあった。色んな意味で紹介するかどうか迷うレベルだが、ここはあえて掲載しよう。

「昨日まで『君』づけで呼ばれていたのに、急に『さん』付けに変えてきたのは衝撃でした。あー、1on1の本を読んで『フラットに接しよう』とか書いてあったんだろうな、と生ぬるい目で見ていました」（30代・男性）

T5〈最低限志向〉「どうしても必要というのであればやりますが」

議論は、いよいよ「1on1は好きではない」という人たちの意見に入る。

上司側にとってはショッキングな見解も含まれてくるので、心して読まれたい。

「業務に関する進捗報告とその評価の時間でもあるので、一定の必要性があることは理解できるが、閉鎖的な場のせいなのか、上司側もわりと言いたいことを言ってきて、『それで？』という状況も多い。上司も人だから息抜きしたいのはわかるけど、そういうのは他でやってほしい」（30代・男性）

「1on1と聞いてまず思うのは、『めんどくさいなぁ、話すことないなぁ』ですね。上司は困りごとの吸い上げをするなどの目的があるかもしれませんが、上司と1対1で話すときに正直に曝（さら）け出す人の方が少ないのかなと」（20代・男性）

ちなみに、最低限必要なときだけやればいい（それ以外ではやりたくない）という考えの中で、「最低限必要なとき」というのが何を指すのか、というと、こんな感じだ。

「同僚には聞かれたくない話題（業績、昇進、異動など）を上司から一方的に伝達してもらうにはちょうどいい」（30代・男性）

「結婚や出産、介護などで長期休みが欲しいといったように、周りに人がいると言い出しにくいことがあるときに1on1があると楽です」（20代・女性）

T6〈回避志向〉「なるべくやらない方向でお願いします」

結論から申し上げると、このタイプが6種類の中で最多だった。悩みながらも、「何とか若手のためにより良い1on1を」と苦慮されている人は、ショックを受けるかもしれない。

数が多かったというのもあって、このタイプはさらに2つのタイプに分かれる。

1つ目は、1on1という取組み自体が無駄で、本人にとっては意味のないものと感じているタイプだ。

「自分からキャリアについて話せない雰囲気ではないですが、私は現状維持派なので特に自分から話そうとは思わないです。なんならこの時間を業務に充てて、残業時間を減らしたいです」（20代・女性）

「いかに上司の求める答えや反応を間違えずに返せるか、の抜き打ちテストのよう。実際、上司の『この仕事どう?』、『何がしたい?』、『じゃあ次これやってみようか』に対し、『その仕事向いてないです』、『特にないです』、『それはできればしたくないです』なんて馬鹿正直に言えるわけがないですよね」（20代・女性）

このタイプの若者にとっては、明らかに「夢と希望を持った若者と、それに寄り添う上司」というステレオタイプが、1on1そのものに凝縮され、嫌悪感を抱かせている。

この構造は、若者のキャリア意識や自己成長の強制にもつながっていて、結果として次のようなコメントに至ることも。

「現状、できていないところやその要因を思い起こして話すのですが、解決策までうまく言えずに自己嫌悪になりますし、上司からの助言も正論でひたすら嫌になります」（20代・女性）

「自分の弱みや苦手なところと向き合わなくてはいけない時間なので、苦痛に感じます。そのわりに有効な解決策が出てくるわけじゃない。だとしたら、何の意味があるんでしょうか。『まずは（自分の弱みに）気づくことが大事』とか言いますが、どう大事なのか具体的に説明してほしい」（20代・男性）

さて、この〈回避志向〉のもう1つのタイプは、1on1＝ただただ怖い、というタイプだ。

「自分のような性格（内向的・緊張しがち・笑ってごまかしがち）の人からすると、充実感を得るような時間にすることは不可能」（20代・女性）

「個人的に、小部屋に呼ばれて上司と話す、というシチュエーションの時点でカジュアルさを感じず、あまり話が弾まない」（20代・女性）

「体感にはなりますが、同期の半分くらいはやりたくないと思っていると思います」（20代・男性）

「響き的に、ただただ恐怖でしかない」（20代・女性）

「以前、勇気を出してちょっと本音を話したら、自分が君ぐらいのときにはもっと大変だったから大丈夫、的に片付けられてしまい、話したところで言いくるめられるだけということを学んだ。以来、愛想笑いで間を埋めることすら面倒になった」（20代・女性）

他方で、「1on1はただただ恐怖」というその印象は、経験から得られた感情ではなく、当人の本質的な気性によるもの、と考えることもできる。

また、こういった若手たちにとっては「上役との対話自体が恐怖そのもの」と言えるが、それと同時に「相手に申し訳ない」という気持ちが強いのも特徴だ。

「時間を割いてもらったのだから、そんなに長引かせるわけにはいかないと思ってしまう」(20代・女性)

「少し困っていることがあったとしても、上司に言うまでもないかな、そんなこと相談されても迷惑だろうな、と思ってしまう」(20代・男性)

さて、じゃあどうしたらいいのか、という議論に入りたいが、その前に、番外編としてここまでの6タイプに格納されなかった少数派の人たちの意見もざっと振り返ってみよう。こちらも実に興味深いので、ぜひご覧いただきたい。

番外編その1　〈研修としての1on1活用〉

研修として1on1を活用する。この有用性は、すでに多くの人が感じているかもしれない。1on1そのものが、若手研修の場となり得る。

特に若手同士をマッチングさせたメンター制度は、次の意見を見ても、ぜひ有効活用したいところだ。

「自分が新卒のときのメンター（2、3年目の先輩）との1on1は、週3回と高頻度だったこともあって、その時間に聞きたいことが聞けてありがたかった」（20代・男性）

「直近の先輩が、『何がわからないかもわからない』という自分の状態を理解してくれて、安心できた」（20代・女性）

また、自分が先輩となって新卒のメンタリングにつくときも、いろんな意味で刺激と学びがあるようだ。

「2年目、3年目になると、新卒との1on1を毎日20分やらされるのですが、初心を思い出す良い機会になりました」（20代・男性）

「自分がメンター役になってわかったことなのですが、とにかく新卒の子の役に立ちたいなって思うんですよね。面倒と感じたこともないし、先輩もそういう気持ち

でやってくれてたんだなって」（20代・女性）

「先輩から言われた言葉の意味が、自分が先輩側になって初めてわかった。ただ、あのときの自分は理解できなかったので、伝える側になったときは、もう少し工夫して伝えたいなと思う」（20代・男性）

いずれも気持ちのいいコメントで、さっそく導入したいと思うところだろう。

ただし、業務内容の調整やメンバーの組合せなど、設定の難しさはそれなりに高いと思っていただきたい。

そして何より、若手だけで育（はぐく）まれたコミュニケーションを受け入れる覚悟と度量が試される。

番外編その2　〈経験によるタイプの変化〉

これも少数意見だったので番外編に収めたが、ぜひ読んでほしい（僕の一推しコメントです）。

ここで最も伝えたいことは、これまで説明した6つのタイプに対する属性は変わることがある、ということ。中でも、キャリアを積むことで意識が変化した人のエピソードを紹介しよう。

◇内定取得後～社会人1年目：警戒心を強く働かせていた時期（T6〈回避志向〉）

自分が何をしたらいいのかわからず、上司や先輩がその答えを持っていると思っていた時期がありました。にもかかわらず、答えを教えてくれようとはしない。少しだけ苛立ちや戸惑いがありました。

1on1を設定した側は気軽なコミュニケーションのつもりだったのでしょうが、結構構えてました。普段は大勢の新人の一人であるのに、急に私個人にフォーカスがあたって会話をすることになり、何を話していいかわからないと同時に、話すことで自分の浅さが露呈するのではないかと思い緊張しました。

一応前向きな発言はするけれど、内心では過度な期待はしてほしくないという想いが強かったです。

このころを振り返る言葉として、「今思えば、自分の周りには大きな流れのようなものがあって、それを見極めないと間違えてしまう」というコメントが印象的だった。間違える＝平均からこぼれ落ちる、という恐怖心は、今の若者の象徴的な感情の１つだ。

◇社会人2年目以降：自分を持ち始めていた時期（T1〈積極志向〉）

１on１を繰り返すうちに、上司や先輩にも答えはなくて、ただともに探ろうとしてくれているだけだということが、少しずつわかってきました。

それからは、自分の悩みや希望を伝えたい人に伝えたり、そこへのフィードバックをもらう場として活用するようになりました。その結果として、可能性や課題が明確になることもあるので、今の１on１は基本的にモチベーション・アップにつながります。

特に、自分からお願いして時間をとってもらうときは、場そのものが自分のための時間だということがより実感できます。

このコメントで最も印象的なのは最後の一文「自分からお願いしたときほど効用が

高まる」、という点だ。

この回答者は、「逆に不要と思ったときは『今はいらないです』とはっきり言ってます」ともコメントしており、「1on1は若手のためのもの」という基本原則の1つを地で行っているようだ。

ここで、あまり主体性を見せると過度に期待されるのでは？　それは怖いことなのでは？　と思ったので、ストレートにその質問をぶつけてみた。

返答は次の通りだ。

一度、過度な期待は困る、と勇気を出してはっきり言ったことがありました。今思えば、上司を傷つけてしまったなと思うのですが、結果的にほどよい距離感になったと思いますね。とはいえ、今でも期待はされてると思いますが（笑）

逆に今は（そう言ってしまったことで）自分に何ができるかを、前よりもずっと考えるようになりました。

特徴的な3つのタイプの若者との1on1：持つべき意識と対応策

ここから先は、1on1にネガティブな印象を強く持ち、不要と考えるT4〈表面志向〉および、T6〈回避志向〉の心理をもう少し深掘りしていきたい。

また、実は最も1on1に好意的で、仕事にも前向きなタイプT1〈積極志向〉にも、大きな課題が存在する。

それは退職だ。このタイプの人（だと、会社や上司が思っていた例を含む）が、あっさり退職してしまう例が後を絶たない。

そしてこのタイプの退職は、残された側にとって大きなダメージにもなる。

そこでこの〈積極志向〉も深耕しつつ、対応策を検討してみよう。

T1〈積極志向〉の深層心理

「普段話せないこととかを話せる、いい機会だと思ってます」

多くの企業において1on1は、普段話しにくいことも共有しよう、という趣旨のもと設定されている。その点において、〈積極志向〉の若者は、とても素直に設定された趣旨を受け取ってくれている。

彼らは主に、1on1をこんな風に捉えている。

- 上司や先輩がアドバイスをくれる成長の場
- やりたいこと（新規案件や部署異動など）をアピールする場
- 上司や先輩と仲良くなれる場
- 困っていることや不平不満をぶつける場

こういったタイプの部下との対話は、きっと楽しく、時間もあっという間に超過してしまうことだろう。

ただし、良いことづくめでないことも念押ししておく。それは、最後の「困っていることや不平不満をぶつける場」に込められている。

「今日は何でも話してくれて構わないからね」というスタンスで面談に入り、それを素直に受け取ってくれる気持ちのいい若者、それがこのタイプだ。

彼らはさっそく、自分の業務や所属部署の課題をぶつけてくるかもしれない。〈積極志向〉の若者にとって、助言を踏まえた日々の成長は、仕事をする上での重要な要素の1つだ。

だから、指導も助言も大好物。難解なアドバイスも厳しい助言も、もりもり食べて大きくなる。

言い換えると、舌が肥えている。

もっとストレートに言うなら、日々課題に向き合っている分、人を見る目も養われている。

上司や先輩であるあなたが、すぐに解決策を提示できるような課題であれば問題はない。あなたのアドバイスが、〈積極志向〉の若者の心に刺さり、あなたの上司としての評価はさらに向上するだろう。

提案：上司・先輩として「できる限りの行動」を

しかし、そんな適格なアドバイスができるケースはむしろレアだ。なぜか。

相手は課題が好物の成長株。そんな若手が直面し、自分では解決策が見つけられず、満を持して1on1でぶつけてくる課題だ。控えめに言って、絶対手強い。

1on1の定石通り、若手の悩みを「そうか、そうか」と聞いてあげたところまではいいものの、「そんなこと私に言われても」と内心思う課題もきっと多くなる。

では、どうしたらいいか。

仮にその課題を放置するとしよう。聞いてあげることが大事なのだから、その役割は十分果たした。オッケーだ。

さて、どうなるか。

そこはオープンでストレートな〈積極志向〉さんたちだ。あの面談は何だったんだろう、とあなたに疑いの目を向け出す。でも上司は忙しいわけだから、もう少し待ってみよう。あれだけはっきり伝えたのだから、完全にスルーということはない（だって、もし自分が上司だったら絶対に放置しない）。

それでも、1週間、2週間とリアクションがないと、どうなるか。

場合によっては、部下はあなたに「残念」「無能」のレッテルを貼りかねない。

ここで一旦、整理しよう。

このタイプの若者との面談は、楽しく、実りあるものであると同時に、あなたの上司や先輩としての実力がストレートに試される場でもあるということだ。

だからきっと、本書を読んでいる何割かの上司・先輩の人は、そんな〈積極志向〉の若者が怖いと思う（先のT1〈積極志向〉の解説で「↑これ、覚えておいて下さい」と書きましたよね）。

特に、自分はどっちかというと「いい子症候群」ならぬ「いい上司症候群」かも、と思う上司・先輩はなおさらだ。

「こんな部下を持つと大変だなぁ、持ちたくないなぁ」と想像してしまう。何なら、もうすでに残念な上司のレッテルを貼られているイメージすらできるかも。

ここで、僕からの提案を1つ。

もし仮に、元気な部下から、すぐに解決できないような相談を受けたとしても、絶対に放置しないこと。

決して笑って流さないこと。ごまかさないこと。今のあなたができる限りのことはすること。

できる限りのことをして、それでもすぐに改善には向かわないとしても、あなたがしたことをそのまま部下に伝えること。

とにかく正直に話すこと。決してちっぽけなプライドを守ろうと、カッコつけたりしないこと。

その際は、別途時間を作って話すこと。そして、この件は引き続き自分が預かり、今後もできることはしていくと約束すること。

このとき、あなたはこう思うかもしれない。

「現実として、何も改善してあげられていないのに、そんなの意味があるのか」

「残念な上司、話すばかりでめんどくさい上司と思われないか」

その感覚はよくわかる。

でも、もし僕の提案通り、あなたがしたことをそのまま部下に伝えることができたとしたら、そんな心配は無用だ。

その「できる限りの行動」が、彼らが100%望むことだ。

逆に、もし僕が提案したことの代わりに、あなたが余計なプライドを守ろうとしたり、変な言い訳をして部下をごまかそうとしたら、それはきっと見透かされるだろう。無能レッテルだけでなく、それを隠そうとする「カッコ悪い」レッテルまで追加されかねない。

まとめよう。〈積極志向〉の若者との面談は、あなたの上司や先輩として、ひいては人としての器が試される。

T4〈表面志向〉の深層心理

「要するに業務ですよね。上司側のノルマみたいな」

「この世は所詮、ライアーゲーム」

と、僕に言い放った学生がいた。

その真意は「とにかくこの世は騙しあい」、という意味ではなく(いや、本当はそうだったかもしれないが、少なくとも僕が受け取った意味は)「みんな、本来の自分とは全く別の人を演じながら生きている」というものだった。

もし、それが「真」だとしたら、「所詮、1on1もライアーゲーム」ということになる。

そんな「この世は所詮、ライアーゲーム」な若者たちは、1on1をこんな風に捉えている。

- 上司が部下を気づかうための場
- 上司が部下のモチベーションを上げようとする場
- 上司が部下の問題探しをする場

・上司が部下を味方につけようとする場

はある。

とにかく冷めた印象を受ける。さすが世界をライアーゲームに変換するだけのことはある。

1on1に対しては、「上司の皆さんが課せられた業務だから、お互い仕方なくやっていますよね」というスタンスだ。

上司はその職務として部下を気づかう必要があり、モチベーション管理をしなければならない。部下が問題を抱えていれば、その解決に向けて伴走する姿勢を見せる必要がある存在。そう捉えている。

そんな冷めた姿勢をわかりやすく見せてくれるなら、上司としてはまだやりやすいかもしれない。ただ、多くの場合はそうではない。

これは一貫した僕の主張だが、今の若者は演技がとても上手だ。圧倒的と言ってもいい。

一対一の場でも、「今日は素で話しをさせてもらいますね！」という雰囲気をまとって現れる。多くの先輩世代は、これに騙される。それが、上司や先輩「一対一だとそれなりに話せる」という言葉に象徴される。

1011ヒアリングの中で、「自分にとって1on1は、ある種の誘導尋問会みたい」と表現した若手がいた。

雑談などいろいろなやり取りがある中で、最終的に「上司が私にやらせたいこと」を仕方なく「やります」と言わされる場のように感じるという。

だから、なんとか自分はできない、やりたくないと思うことだけは回避しつつ、上司も納得できるような妥協点を、頭をフル回転させて探してしまう、というのだ。

提案：まずはあなたの「武装解除」から

ここからが、そんな彼らと接する上での、僕からの提案だ。

まず知っておいてほしいのは、若手側には「騙す」という悪意があるわけではないということ。「1on1とは、そういう場なのだから、それ専用のスイッチを押したままで」という認識だ。

僕はこれを「テンプレート」と呼ぶ。今の若者は（特にナイーブな心的領域において）コミュ力が高く、多くのテンプレートを持っている。

でもそれは、円滑かつ平穏に社会生活を送るための彼らなりの装備であり防具だ。

自分がそうだから、きっと上司も「上司専用テンプレート」をもっていると考える。やや強い言い方をすると「かけてくる言葉には裏がある」という見方だ。

自分たちは、会社という組織に雇われた「人材」という構成要素であり、その中で、1on1には「部下の成長を促す場」「部下の課題を共有する場」という名目がある。

よって上司は、部下に問題があれば事前に察知しなければならないし、今後の状況によっては部下を味方につけておきたい、という狙いがあるのではないかと考える。

誤解を生じさせないために繰り返すが、こういうタイプは、上司や会社というものを「悪」と断じて接しているわけではない。会社という組織があり、そこには必要な役割がある、と冷静に受け止めたうえで、安定した日々を送るための自分なりの武装をしているだけだ。

もしあなたが、このタイプに「もっと腹を割って話してほしい」とか「もっと主体的にがんばってほしい」と願うとすると、それはなかなか大変だ。とても時間がかかると思ってほしい。

そこで僕からの提案はこうだ。

まずはあなたが武装解除しよう。

あなたの武装解除とはつまり、「次の面談相手は彼（彼女）だから、なるべくこう振る舞って……」と、必要以上に上司スイッチを入れないこと。

簡単に言うと、腹を割って、裏表なく話をすることだ。

あなたが何らかの意図を隠して対話したり、二枚舌を使うような姿勢をとったとしたら、それはやはり見透かされる。

そして「この人にはコントロールされまい」と意思を固め、より分厚いテンプレートによる演技で対応されるだろう。

それはそれで安定した関係、と言えるわけで、もしそれで十分仕事が回るなら、僕はそれでいいと思う。むしろ、せっかくお互いで築いた城壁だ。壊さない方がいい（これは本当にそう思って書いてます）。

実際、この武装解除の提案は、とても難しい（もう一度言いますが、とても時間がかかります）。

その理由は主に2つあって、1つ目は、あなたが複数の部下を抱えた上司であるということ。

きっとあなたは、すでにいろいろなしがらみを抱えてしまっているだろう。すべての部下や関係者に素の態度など取り出したら、少なくともこれまでの延長線上での業務遂行はままならない（どうしても、こっちにはこう言い、あっちにはああ言う、という状況はあると思っています。こんな僕でも一応、日本社会の構成員です）。

2つ目は、そもそも自分の本音がどこにあるのかすら、わからなくなっているということ。

これは、しがらみを抱えすぎた結果、とも言えるかもしれない。かつては、毎朝ちゃんと意識して武装していたのが、いつのまにか、あなたの皮膚と一体化してしまって、どうやって脱いだらいいいか、わからなくなってしまっているかもしれない。

繰り返しになるが、その状態が安定した職場環境をもたらし、かつ大きな課題になっていないなら、僕はその安定を尊重することも、1つの大切な選択肢だと思う。

逆に、もしその強い安定感が将来の阻害要因になると考えるなら、どうするか。

僕には「まずはあなたが武装解除を」と言われたが、それすら簡単にはできず、他方で部下や後輩には望まないテンプレートを使わせてしまっている。彼らに申し訳ない。そんな自分を変えたい、と願うなら、どうするか。

そんなときの僕の次の提案は、「1on1でそれを認めてしまう」ことだ。

ここでいう「それ」とは、いつの間にかペタペタと上司専用防具を身につけていること、それを剥がしたくてもうまくできないこと。

会社を離れれば普通のおじさん、おばさん、お兄ちゃん、お姉ちゃんなのに、上司って何だかな、と思っていること、だ。

それを〈表面志向〉の若者に話したらどうなるか。

どんな劇的な変化が起こるのか？

「わかります。まあ仕方ないですよ。がんばって下さい」

と、言ってくれるかもしれない。

これだけがんばってカミングアウトして、そして、チョコレートをくれるかもしれない。

ないが、僕は大きな進歩だと思う（だから、とても時間がかかるんです）。

T6〈回避志向〉の深層心理
「逃げられない状況を作っての探りの場じゃないでしょうか」

詳細の深層心理解説も、これでラストだ。アンカーの資格を持つのは、当然〈回避志向〉の持ち主だ。

先の〈表面志向〉もなかなかの手強さだったが、〈回避志向〉はその上を行く印象すらある。

彼らの1on1に対する印象と評価は次の通り。

- 上司のなかでの自分の評価（キャラ）が確定する場
- 十分な「予習」をして臨む場
- 忙しさをアピールする場
- がんばります風の姿勢を示す場
- 期待値調整の場

このタイプは、「いい子症候群」成分が最も多めの人たちだ。

基本的な行動原理や心理的特徴も、僕がこれまで提唱してきた「いい子症候群の若者たち」そのものと言える。

彼らはとにかく回避動機が強く、言動もディフェンシブだ。

彼らにとって個別面談とは、要するに上司が自分を評価する場だ。できないやつ、使えないやつと思われるのは避けなければならない。

かといって、意識高いやつ、と思われてもやっかいだ。そんなふうに目をつけられてしまったら、次からどんなに重たい仕事を振られるかわかったもんじゃない。

狙うは、いつもの「平均値」だ。上にも下にも出すぎず、真ん中でいること。これ以上の安定はない。

〈回避志向〉の若者たちは、その「目標」を達成すべく、十分な「予習」をする。

若手の発言に対して上司や先輩はどういうリアクションをするのか、それを踏まえて自分はどう行動するのが正解なのかを、つねに考えている。上司の皆さんが喜ぶだろう言葉、姿勢、態度などは、すべて予習対象項目だ。

それでは、どうやって予習しているのか。

そこには、手順やメソッドみたいなものがあるのか。

この点に確固たる法則があるわけではないが、ある程度、上司たちを観察すれば想定することが可能だ。

同期が上司に放った言葉に対する上司の反応はどうだったか。上司のお願いを断った部下に対する上司の態度に変化はあったか。

そうやって収集したデータを分析することで自己を守る。やる気のないやつだと思われないように、かつ、やる気のあるやつだと思われないように、発言、行動、姿勢を繕(つくろ)う。

これに、今まで培った経験を活かせば完璧だ。例えば、さも主体的に見える行動、さも優等生に見える行動は学校生活でも学んできた。

あとは、当日の案件次第で対応を少しずつ修正するだけだ。

例えば、上司が追加の仕事をお願いしてくるとき、ダメ元でお願いしているのか（つまり断る余地があるのか）、それとも承諾を前提にお願いしているのか（つまり強制なのか）を見極める必要がある。

もし、ダメ元でお願いしているようなら、やりたいアピールをしつつ断ることが重要だ。「ちょっと今、タスクが多くて厳しいです」と言い、そこからの「やっぱりそうだよねぇ……」という上司の返事待ちが定石となる。

もし、承諾させること前提のお願いなら、ちょっと仕事がきついアピールを挟みつつ、渋々承諾することが重要だ。おそらくそういうシーンでは、まずは「今のタスクどう？」という感じで、気づかいから入ってくるから、そこで結構いっぱいだけど、あと1つ2つ程度なら、という流れにもっていくのがいい。

提案：若者を理解し、変えようとしない

いかがだろう？　いかに手強いかがおわかりいただけたかと思う。

以降が、そんな彼らと接するあなたへの僕からの提案だ。

とにかく大事なのは、そんないい子症候群の心理を理解してあげること。

そして、決してそのマインドを変えようとしないこと。

上司から見たら、なんともじれったい若者かもしれない。でも、それを変えようとしても、というか変えようとすればするほど、あなたは静かな抵抗にあう。

だから、とにかくまずは理解しようと努めること。

そして、そんな臆病で回避動機を強くもった若者でも、できることがあって、十分会社にも社会にも貢献できることがあるということを、少しずつ知る支援をすること。

この際のポイントとして、決して過度にならないように気をつけてほしい。期待は〈回避志向〉の若者の3大悪夢の1つだ（残りの2つは、またいずれ）。

夢や目標や期待が大きければ大きいほど若者は気合が入る、と思っている人こそ、このポイントを深く胸に刻んでほしい。

その仕事が会社にとって重要で、社会に対する貢献度が大きければ大きいほど、〈回避志向〉の若者は「圧」を感じる。

もう1つ、大事なポイントをお伝えしたい。

それは、仮に何らかの案件を任せる際でも、あくまでもその案件の責任主体はあなたであり、それをわかってもらった上でしっかりと伴走すること。

仮に、彼らが何かにつまずいたり失敗した場合も、変に慌てず、取り繕わないこと。

そして、いかにそのつまずきが些細なものであり、何の問題もないことを教えてあげて。

そしてすぐにリカバリー作業に移ろう。

彼らはそのリカバリーの様子を教材にして、転んでも大けがしない方法を学ぶ。

第2部

なぜ、若者は突然会社を辞めるのか？

「一対一なら話せる」と思い、若者を理解したつもりだったのに、
職場の若手の本音は予想とは大きく違っていた……。
そんなショックを受けている読者の方々もいるかもしれない。
では、今の職場の若者はいったい何を考えているのか？
第２部では、退職代行サービスを使う若手社員、
ブラック企業はもちろん、ホワイト企業も不安という若者たち、
アメリカ発の静かな退職との比較、理想の上司像、
とにかく正解を教えてもらおうとする姿勢など、
多面的な角度から、今どきの若者像の解像度を上げていこう。
若手社員とのコミュニケーションに苦慮する経営者や
上司・先輩、採用や研修を担当する人事部職員の皆さんが、
諸所の問題に対して、どう考え、どう行動に移すのか、
考えるきっかけとなれば幸いだ。

第5章

退職代行サービスを使う若者たち

問：今までに思いもよらない（予想していない）若手の退職があった

筆者「１０１ヒアリング：人事担当者編」より
N＝38

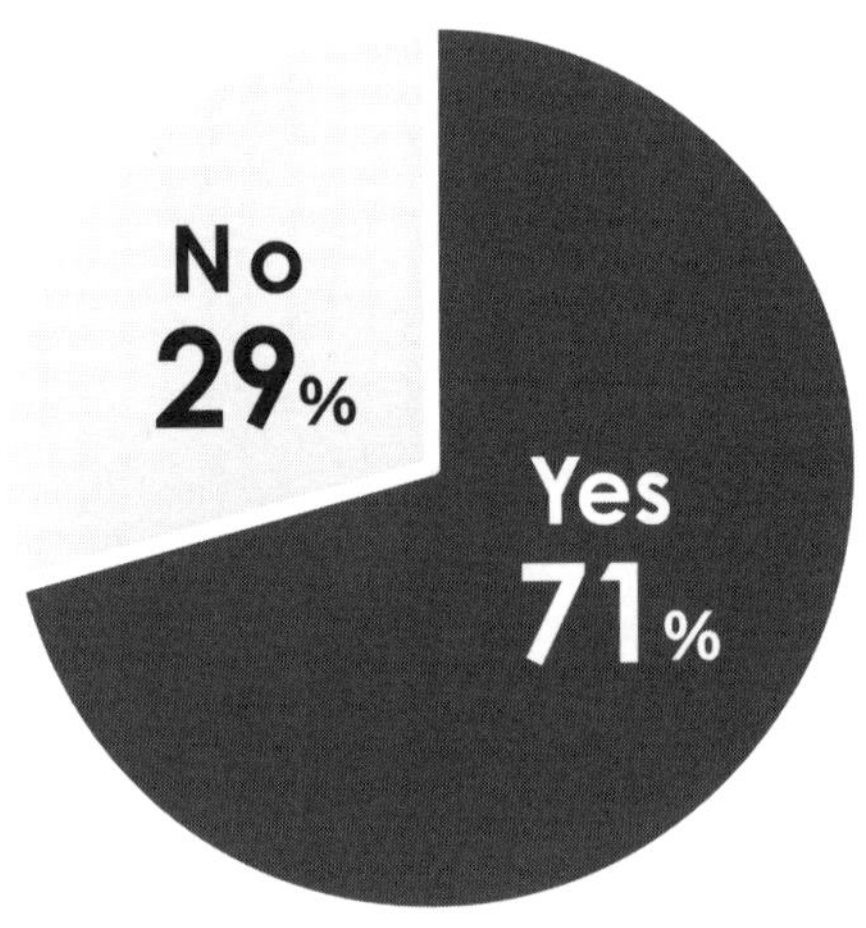

なぜ、若者は何も告げずに職場を後にしたのか？

序章で紹介した「何も相談せずに辞めた若者」を思い出してほしい。

去年あたりから頻繁に聞くようになった話だと言ったが、実は僕が実施した「1０1ヒアリング」でも、約7割の人事担当者が「思いもよらない若手の退職」を経験していた。

人事部にとっては、長い時間とコストをかけ、やっと採用した貴重な人材。管理職やメンターにしてみれば、忙しい日常業務と並行して苦労して育成したかわいい部下である。

そんな若者が、挨拶もなしに辞めていく。心中を察するに余りある。

「せっかく1on1の場を設けているのに、不満があるのなら、なぜその場で言わないのか？」

問題はそこだ。1on1で決して本音を明かさないのであれば、今後も対策のしようがなくなってしまう。

なぜ、若者は本音を明かすことを避けるのか。

期待した社員から辞める悲劇

とある大手メーカーの開発部長から聞いた話だ。

紆余曲折はあるのかもしれないが、これまで安定した業績を刻んできた会社だ。

僕が実際にそう言うと、開発部長は「いやいや、そう見えるだけでうちも色々あるんですよ。紆余曲折なんてもんじゃなくて」と笑う。

謙遜はしているが、安定して見えるだけでも十分にすごい。笑いながら返せるというのも、かすかな余裕を感じ取れる。

それを裏付けるように、近年の新入社員のスペックは高い。

僕が実際にそう言うと、開発部長は「いやいや、ほんとそうなんですよ。今自分が彼らと一緒に入社試験を受けたら、絶対に落ちます」と笑う。

こちらも謙遜しているようにみえるが、あれは本音だった(僕のノンバーバル・コミュニケーション力が狂ってなければですが)。

実際に若手社員の学歴を聞くと、ほとんどが旧帝国大学か東京工業大学の修士以上だ。そんな状態にもかかわらず、「若手人材に悩みがある」なんて言っちゃいけないでしょう（他の会社の人に怒られますよ）。

と思ったが、詳細を聞くと、課題は確かに深刻だった。

具体的には、こんなことがあったらしい。

全社的に男性社員の比率が高く、特に開発部門では女性が圧倒的に少ないことから、今後は女性の研究開発者にも活躍してもらうべく、女性の採用数を増やしつつ、時間をかけて彼女たちのキャリアパスに関する検討を重ねてきた。

また、その検討結果は、当事者たちにもすぐにフィードバックするようにしていた。

開発部としての方針を要約すると、次の通りだ。


昨今のイノベーション環境に鑑みると、研究開発者といえども、ずっと実験室にこもっているわけにはいかない。より顧客に近いところで知見と経験を積む必要がある。そのことが、新たな研究開発のヒントになるし、そのヒントから生まれたアイデアを、いち早く顧客に示す機会を持つことは、開発者としても極めて重要なことだ。

そこで、女性の研究開発者たちには、営業や企画部門の人たちとタッグを組む形でプロジェクトに入ってもらい、頻繁に顧客のもとへと訪問できるようにした。

むろん、この方針は国内だけに留まらない。この会社の売上の50％以上は海外だ。国際的な競争力を高めていくことこそ、開発部門の使命と言っても過言ではない。人材の多様化は当然の時代だ。

彼女たちにも、ぜひダイバーシティ・マネジメントとリーダーシップを身につけてもらいたい。

一見して、素晴らしい方策だと思った。

ぜひ次年度は僕の教え子も雇っていただき、どんどん鍛えてもらおう。そのための推薦書なら、いくらでも書く。そしてその教え子が一事業を成功させた暁には、お祝いのスイーツ・パーティを開いてもらおう。

そんなことを本気で考えていたら、話はそこで終わりではなかった。

実際にそのプログラムを始動させるにあたり、まずは4名の女性社員から取り組み始めた。

具体的には、彼女たちを開発部に仮所属させた上で、6～12カ月単位で企画部や営業部を経験してもらい、再び開発部に戻しつつ、横断的なプロジェクト化を進める、という流れだ。

やはり、大変素晴らしいではないか。

この開発部長とは昔からの付き合いだが、頭の回転が速く、本当に尊敬できる素晴らしい人だ。技術開発だけじゃなく、マネジメントの才までお持ちとは。

今からスイーツ・パーティの準備を始めなければ。


しかし、悲報は突然に訪れる。

4人中2人が、立て続けに辞表を提出したのだ。しかも、うち1名は退職代行サービスを使って。

彼女たちとは、十分にコミュニケーションを取ってきたとのことだった。このプログラムは、本人たちも納得してのものだったはずだと。

唯一、難色を示したのが、最長12カ月におよぶジョブ・ローテーションだった。実際のところ、難色を示したといっても、簡単な質問が返ってきただけのようだが、そのときも、①あくまでも研修という名目で、頻繁に開発部にも出入りできるようにする、②研修の終了後は必ず開発部に戻す、といった点について、丁寧に説明したという。

開発部長は本当にショックを受けていた。というより、混乱していたように思う。

「どこで間違えたのか、全くわからない」といった言葉が鮮明に印象に残った。

意識の高い人たちが作るプロジェクトのワナ

実を言うと、僕は話の途中から1つだけ引っかかっていた。

何度でも言うが、立ち上げられたプログラムは本当に魅力的だ。これを経験することで、きっと社内でも中心的な人材となれるだろう。

女性の活躍という視点からも、新たなリーダーとして、素晴らしいロールモデルとなったかもしれない。

開発部長は本当に優秀な人で、責任感も強い。僕が知り合ったころから、ずっと意識高く仕事を進めてきた。彼女たちに話したことは、きっと責任をもって実行しただろう。

さて、読者の皆さんは、僕の引っ掛かりがどこにあるのか、もうおわかりだろうか。

それはこのプロジェクトが、意識の高い人たちによって、意識の高い人たちのために作られている、ということだ。

当プロジェクトの検討チームの皆さんは、辞めていった彼女たちの気質や性格をどのくらい把握できていたのだろうか。

立ち上げられたプログラムは、（この会社にとっては）今までにない挑戦的なものだ。開発部長の意識も高い。僕の研究室に所属する女子学生も、やはり意識の高い学生が多く、きっとマッチすると思った。

でも、当の4人（特に辞めてしまった2人）はどうだったんだろうか。

イノベーション人材を研究している身として、つまりは企業の人材育成を客観的に見てきた立場だから、これははっきりとわかる。

今、企業内で立ち上げられる多くの新規プログラムやプロジェクトは、意識の高い人たちが作っている。

総じて日本企業は閉塞的だ。そんな中で、新しいプログラムを立ち上げるには膨大なエネルギーがいる。そんな芸当ができるのは、一部の意識高い社員やマネジャーだけだ。

そして彼らは、全社員に向けてそのプログラムを発する。いずれも魅力的で、挑戦的で、聞くだけでワクワクするようなプログラムばかりだ。

しかも細部までよく練られていて、途中で破綻（はたん）することがないよう、多段階のセーフティネットまで設けられている。

でも僕の観測では、そのプログラムに応募するのは、（大手既存企業の場合）全社員の10〜20％程度だ。どんなに多くても25％程度まで。しかも、だいたい毎回同じ顔ぶれになる。

それ以上の応募者がいる場合、そのプログラムがそこまで挑戦的でないか、あるいは本書を手にする必要のない、ごく一部の先鋭的な企業やベンチャーのどちらかだ。

「退職代行サービス」を使う3つのメリット

本書を手に取る皆さんは、すでに退職代行サービスが提供するサービス内容についてよくご存じかもしれないが、簡単に確認しておこう。

退職代行サービスとは、従業員が（解雇ではなく）自らの意思で退職する際に、そのための通知や書類作成などの一連の手続きを代わりにしてくれるサービスのことだ。

本来、自分でやればいい手続きを、わざわざお金を払ってまでやってもらう目的は、大きく分けて2つある。

① 面倒で煩雑（はんざつ）な退職手続きを代わりに処理してもらうこと

②スムーズかつ円満に退職すること

①については、あらゆる「代行サービス」に共通した目的であり、イメージもしやすい。忙しいあなたに代わって作業してもらうもので、家事代行サービスやベビーシッターなどが典型例だ。

経営学の視座からすれば、そもそもこうしたアウトソーシングは、経済成長の源の1つだ。「本来、自分がやるべきことを誰かにやってもらう行為」は、いわば仕事（特にサービス業）の定義みたいなものだ。外食産業（料理）、交通機関（移動）、保健医療（治療や介護）など、例をあげれば枚挙に暇がない。

イノベーション論の研究者から言わせれば、次に何のアウトソーシングがはやるかを予測することが、すなわち次のイノベーションを予測することにもつながる。例えば、生成ＡＩは人のどんな活動を代行することになるのだろうか……。

話が脱線してしまった（研究者の悪いクセです）。元へ戻そう。

先に退職代行サービスの目的として、①と②の2つに整理したが、実際のところは②の「スムーズかつ円満に退職すること」が、若者ニーズのほぼすべてといっても過言ではない。

昨今の退職代行サービスは、実際にどんなことを代行してくれるのか。

代行業者によって細かなサービスの違いはあるようだが、主に次のように整理できる。

①退職に伴う必要書類の準備・作成

退職届や関連する書類の準備・作成をしてくれる。この作業そのものはたいした負担ではないだろう。

②勤務先や雇用主への連絡・取次

文字通り、あなたの退職の意志を勤め先の人事部等に通知してくれる。その後、どうしても複数回にわたるやり取りが必要になるが、それをストレスに感じる若手が多い印象だ。

③法的な手続きの支援

これも結構ありがたいと思う人が多そうだ。労働法や関連する法律に従った手続きをチェック、支援をしてくれる。例えば、適切な退職日の調整や、給与や残業代の精算、社会保険や年金の引継ぎなどが該当する。退職に伴う秘密保持契約の確認なども含まれる。

このうち、③に対するニーズがあることは想像に難くない。勤め先を辞める、という行為に伴う法的な要件を遵守するためには、正確な知識や手続きが必要になる。特にブラック企業と呼ばれるような勤務先では、あやふやな法律論をかざしてなかなか辞めさせてくれない、などのトラブルも耳にする。この場合、退職代行サービスはもはや、法律相談所に近いかもしれない。

ただ、やはりニーズという意味では、圧倒的に②だ。

退職のプロセスは、どんなときでも、誰であっても、一定のストレスがかかる。勤め先を訴えるなどの場合を除き、なるべく円満に退職したいと願うのが普通だ。特に、関係者へ知らせる過程はナイーブで、気を使う。

何より、どんなリアクションがあるのかを想像すると、ちょっとくらいお金を払っても誰かにお願いしたい、という気持ちが若者の間で広がっている。

若者に退職代行サービスが人気の理由

現在の若者の立場からすれば、そのストレス・コストが年々高まっていることになる。そのコストが、退職代行サービスに支払うコストを凌駕(りょうが)するがゆえに、退職代行サービスが人気を集める構図になる。

今の若者は、外的な要因による自身の感情のアップダウンをとても嫌う傾向にある。そんな気質を持つ若者にとって、「辞めたいって言ったら、すごい引き止めにあうらしいよ」なんて噂が耳に入った時点で、もうストレスはマックスだ。決して自分からは言い出せなくなってしまう。

逆になぜか赤の他人を挟むと、簡単に言えてしまうのも今の若者の特徴だ。

例えば、かつて僕自身にもこんなことがあった。

コロナ禍が到来して間もないころ、多くの大学はオンライン対応に追われた。僕も手探りで授業をオンライン提供していたので、受講生である学生たちに向けて、「何か不備があればいつでも知らせて」、「チャットに書き込んでもらってもいいよ」と、いつもながらの神対応を見せていた(自画自賛です)。

結果、ほとんど不備や要望が伝えられることはなく、「さすが金間先生。優勝！」と、内心思っていた（自信過剰です）。

ただそのあと、大学の事務局が全学生に向けてオンライン授業に対するアンケート調査を行ったところ、ちゃんと僕の授業に対しても（不備というほどではないものの）こうしてほしい、ああしてほしい、と書かれているではないか（自業自得です）。


これはちょっとショックだった。割と気楽に仕事をしている僕でさえショックを感じるのだ。企業にお勤めの上司や先輩の皆さんが、退職という事象を前にしたショックは計り知れない。

「そう思うなら、普通に言ってくれればいいのに」ということが、普通に言えないのが今のいい子症候群の若者たちだ。

退職の意向を面と向かって伝えること、それをイメージすること自体が、もはや高ストレス状態なのだ。

仮に、強く引き留められるようなことはないとしても、必ず理由は聞かれるだろう。そのときに、なんて答えるべきかが極めて悩ましい。

むろん、正直に答えることなどできない。とはいえ、あからさまなウソもよくないだろう。相手に申し訳ないというよりは、後々こじれる可能性は排除しておきたい。

ネットに、参考になるような例が載ってないか探してみよう。

というか、「退職」と入力した段階で予測変換に「退職代行」が出てくるじゃないか。

これにしよう。決定――。

こんな気持ちの流れの中に、上司や先輩に対する思いやりが入る余地はないのだろうか。

浸透する若手同士のメンター制度

序章で紹介した若手同士のメンター制度は、すでにかなりの数の企業で運用されているようだ。少なくとも、僕の教え子がお世話になっている多くの会社で活用されている。

その方法は様々だが、一定の共通点も見られる。

・若手社員がさらに若手のメンター役をやる。極端な場合、2年目の社員が1年目のメンターとなるケースもある。

・高い頻度で短めの1on1を行う。聞いた中での最高頻度は毎日。
・話す内容は、基本的に本人たちに委ねられている。メンターは特に、自らの経験を踏まえた助言が期待される。
・メンターとメンティーは、それぞれ上司との1on1も別途行う。

このメンター制度、メンティー役となる教え子たちには比較的好評のようだ。

「毎週楽しみにしている」、「困ったことがあったとき、次の1on1で聞いてみようと思える」といった声や、中には「これがあるから、会社を辞めずに済んでいる」というゼミOBまでいる。

また、「今年初めてメンター役をやっているけど、一緒に成長できている感じがする」、「先輩がメンター役でよかったです、って言ってもらって、これからもがんばろうと思った」という人もいた。

自分よりも優秀な後輩が怖い先輩たち

しかし、これらは比較的少数派なのかもしれない。

メンティーをやっている若手の中で、最も多く寄せられた声が次だ。

「自分が先輩になったとき、ちゃんとメンター役ができるか不安」

メンター役について話を聞いたときも、「ちゃんと正しい答えを出してあげられているか不安で、他の同期とか先輩に答え合わせをされたら、絶対終わる。できればメンター役からは外してほしい」と言う若手も多い。

僕個人としては、せっかく浸透した若手同士のメンター制度だ。先のエピソードの通り、他では得られない効果もある。ぜひ継続していってほしいと思っている。

しかし、「後輩を導く」という役割に、大きなプレッシャーを感じる若手が多いことも否めない。

企業などで講演を行う際、時々訊かれる質問がある。

「いい子症候群の若者にとって、上司や先輩が『演技』の対象となることはわかりました。少数の同期が密につながって情報共有することも。それでは、彼らにとって後輩はどういう存在ですか？」

僕の回答は明確だ。

「後輩も『怖い』です」。

いい子症候群の若者にとって、後輩は怖い存在だ。優秀なら特に。

自分より頭良さそう。使えない先輩って思われたらどうしよう。難しい相談とかされても絶対答えられない。

こういった後輩に対する印象は、大学在学中から顕著だ。

そして社会人になったあとも、それは変わらない。

間違ったことを言ったらどうしよう。わからないことを聞かれても困る。そんな責任は取れない。

こういった気質は年々強化されている。

逆に、「メンティーを持つことで自分の成長につながる」と考えることができるのは、成長志向の強い一部の若者だけだ。だから、会社は彼らにメンター役をお願いすることになる。

このことは、先述した「新しいプログラムを作るのは、一部の意識の高い社員やマネジャーのみ」と重なるところがある。

試しに「メンター役の社内公募」をしてみてはいかがだろうか。きっとサイレント・マジョリティであるいい子症候群の若者は反応しない。

第6章

「別の会社で通用しなくなる」と考える若者の心理

上司も先輩も仕事もやさしすぎて辞めたい

近年、（退職代行サービスの他に）今まで会社側があまり経験してこなかったパターンの若者の退職が増えているという。

その点、実は僕も同じで、過去にはほとんどなかった理由で、「先生、会社を辞めたいと思っているんですけど」という教え子がいた。

聞くと、「職場が天国すぎる」とのことだ。

「何それ、めっちゃいいじゃん！　お前そんなこと言ってると、もったいないお化け出てくるぞ」

と、言いたい気持ちをぐっとこらえて（こらえきれずに、ちょっと言ってしまったけど。しかも死語だけど）、具体的に聞いてみると、次の通りだった。

今の職場では、基本的に誰にでもできると思える仕事しか振ってもらえず、それが終わって提出しても特にフィードバックは返ってこない。やることがなくなって待機となる時間も多く、かといって、いつでも対応できるようにオンラインツールは切らずにＰＣの前にいること、というルールがあるから守っている。

画面オフにしてスマホを見ていても何かを言われることはなくて、同期に聞いたら、もう一台のパソコンでゲームしていても平気だったよ、って言っていた。

リアル出社する日は、原則、上司と相談して決めることになってるけど、それもゆるめで、今は最低週１日は出社しよう、と言われているので従ってる。

何たる好待遇。まさにホワイトだ。

実はこれ、２０２１年にあった実話なのだが（２０２０年卒生）、その後いろいろなところで似た話を耳にするようになった。

読者の皆さんはもうお気づきだろう。いわゆる「ゆるブラック」を理由とした退職だ。２０２２年12月15日付の日本経済新聞でも「職場がホワイトすぎて辞めたい　若手、成長できず失望」という記事が出て、大いに話題になった。仕事の「ゆるさ」に失望して離職する若手社会人が増えている、ということだ。

人によっては、羨（うらや）ましくて仕方ない、という声も多く聞かれそうだ。

だが、そもそもこういった退職は本当に増えているのだろうか？

本当だとしたら、その心理とはどういったものなのか？

今の若者は、そんなに仕事に意欲的か？

改めて「ゆるブラック」型の退職には、どんな背景があると考えられているのか。

例えば、先述の日経新聞では、「長時間労働やハラスメントへの対策を講じる企業が増えたほか、新型コロナウイルス禍で若手に課される仕事の負荷が低下。（中略）成長の機会が奪われていると感じる」若者が増えているということだ。

つまり、「もっと仕事がしたいのに何もやらせてくれないので辞めます」と若者が言っているということか⁉

そこで、何人かの人事担当者にこの質問をした。

その結果、「はい、そう言われました」という人事担当は今のところゼロだ。

なんだか、よくわからない……。

が、よくわからない点にこそ重要な何かが隠されているので、深掘りしてみよう。

企業側としては、せっかくコストをかけて採用した若手社員にすぐ辞められては困る。直属の上司には「若手をケアすべし」という圧がかかっている。

だからこそ会社も上司も、ハレモノに触るように必要以上の配慮を重ねる。その結果、「この会社は物足りない」と感じる若者がいても不思議ではない。

ただ、僕が引っかかるのは「成長の機会が奪われていると感じる若者」というくだりだ。今の若者はそんなに成長に貪欲だったか？

ついこの前も「出世したくない若者が増加中」という報道が出回っていた気も……。

これはいったいどういうことだろうか。

ということで、複数のデータを採用しながら、一見して矛盾している若者の深層心理を解きほぐしてみたい。

若者の離職率は本当に上昇しているのか？

まずは、実際にどのくらいの若手が退職しているのかについてのデータから（図表6－1）。

本書では主に大卒者を議論の対象としているが、この図の通り、日本における新規大卒就職者の退職率は、大きくは変化していない。今も昔もざっくり「3年で3割」「1年で1割ずつ」だ。

規模別で見ると、企業規模が大きくなるほどこの割合は小さくなっていく。

図表６－１　大卒就職者の離職率の推移

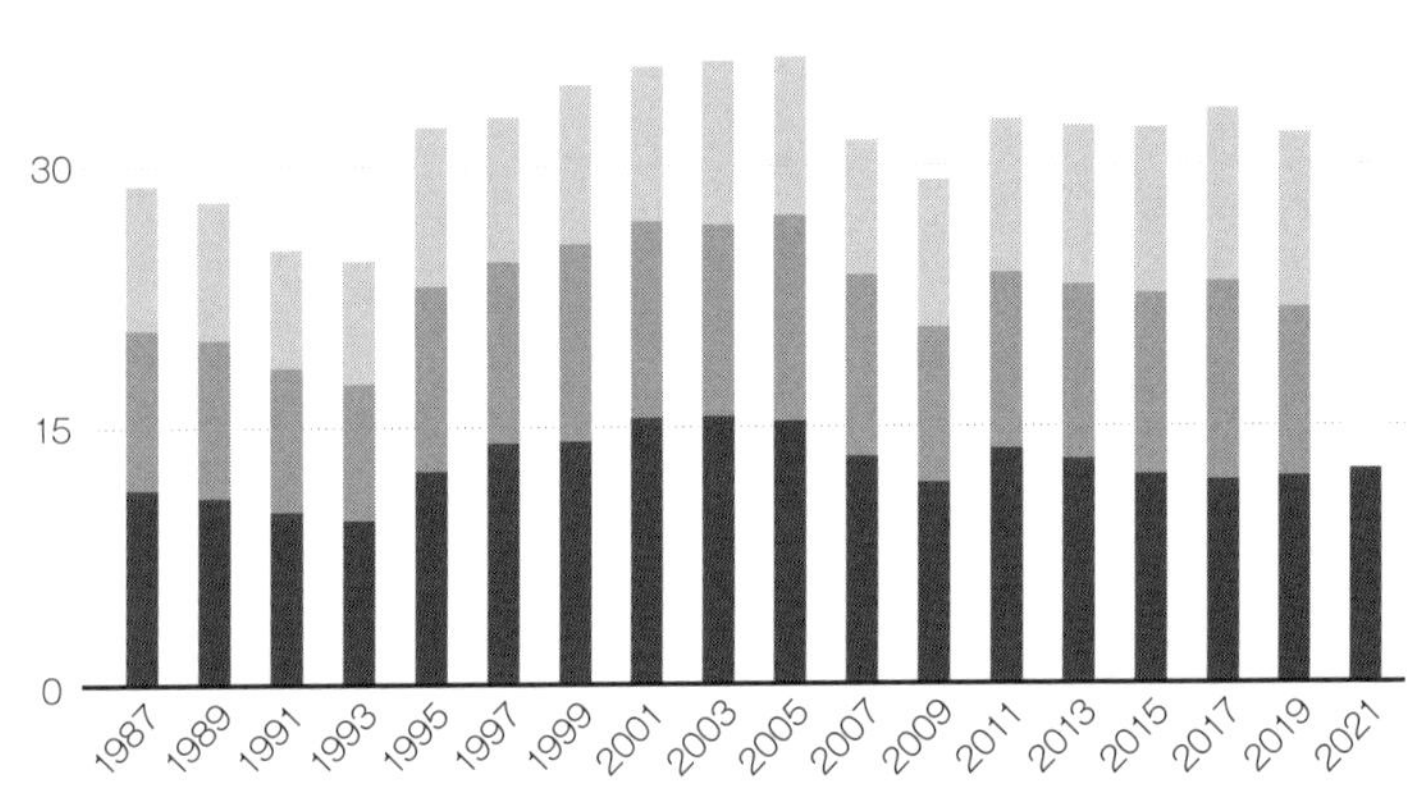

厚生労働省「学歴別就職後３年以内離職率の推移」より

ちなみに、高卒就職者の離職率はむしろ低下していて、２０００年ごろは「３年で５割」だったのが、今は大卒と大差ない状態になっている。

それでは、なぜ今、若者の退職が問題になっているかというと、それはやはり長期的な少子化や、それに伴う若手の生産年齢人口の減少、さらにそれに伴う新卒対象の求人倍率の高止まり等の影響が大きいだろう。

これらはすべて、若手人材の奪い合いや囲い込みにつながる。

１９９０年代に社会に出た団塊

ジュニア世代はおよそ200万人／年。

そのころに生まれた人たちは、ちょうど今20代となって社会に出始めていて、その数はおよそ120万人／年だ。

つまり、一世代（約30年）の経過に伴って数は5分の3ほどになった。

基本的に今の日本社会では、若者の市場価値は上昇し続けている。「若さの価値」のインフレと言ってもいい。

株式会社リクルートが行った調査によると、2019年度に実施された新卒採用（2020年卒採用）における1人当たりの平均採用コストは93・6万円とかなり高い。しかもこの数字は年々上昇している。

どのくらいの若者が今の職場を「ゆるい」と感じているのか

それでは、若手社員のうち、何割が今の職場や仕事をゆるいと感じているのか。

まずは図表6－2をご覧いただきたい。同図表は、リクルートワークス研究所が2022年3月の2つの期間において、従業員1，000人以上の企業に在籍する大学卒・大学院卒の正規社員で、かつ新卒から入社して3年目までの人を対象に実施した

図表6－2　現在の職場を「ゆるい」と感じる割合

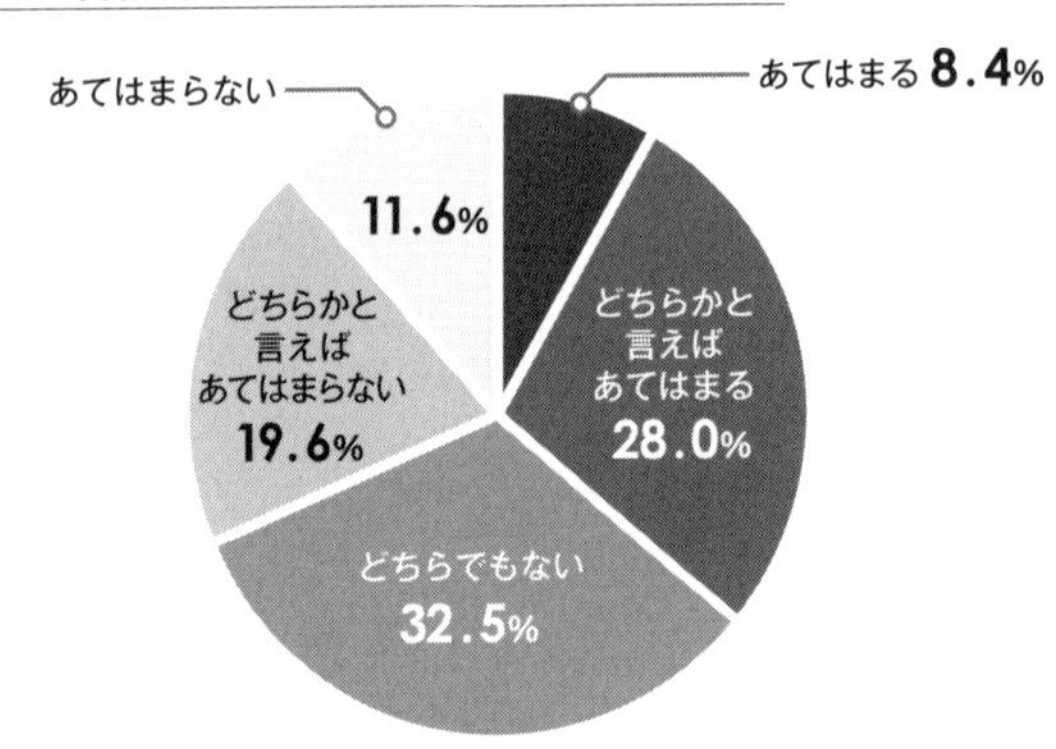

リクルートワークス研究所「大手企業における若手育成状況調査報告書」より

アンケート調査結果だ。回答者数は第一時点で2,985名、第二時点で2,527名となっている。

この調査からは、8・4%（あてはまる）、28・0%（どちらかと言えばあてはまる）を足した36・4%の若手社員が、現在の職場に「ゆるさ」を感じていることがわかる。

全体のちょうど3分の1程度と考えれば、イメージしやすいかもしれない。

問題は、このうちどのくらいが今の職場を辞めたいと感じているかだ。

再三の繰り返しで恐縮だが、今の若者たちは、「自ら『ゆるい』と感じられるほどの神職場を手放すなんてもったいない、仕事はお金が貰えれば何でもいい、楽なら楽なだけいい、仕事でストレスはためたくない、仕事に生きがいは一切求めない」と思っていてもおかしくない。

実際（誠に遺憾ながら）こういったタイプはキャンパス内に大量に生息している。楽タン（楽に単位が取れる授業）、ゆるゼミ（交流がメインのゼミ）を提供している教授こそ神であり、逆に少しでも熱血授業をすると「圧がすごい」と言われる。

また、同じことを淡々と続けるのが好き、ルーチンワーク大歓迎、という人も同様だ（回っている洗濯機をいつまでも見ていられる、という人に多い傾向があります）。

もしそんな彼らを捕獲したければ、キャンパスにいくらでもいるので、いつでもご連絡いただきたい。

話がそれた。

職場のゆるさと退職意向の関係を直接把握できるデータは存在しないが、ヒントならある（図表6－3）。これは「今勤めている会社でどのくらい働き続けたいか」という問いと、図表6－2の回答結果をクロスしている。

まず注目したいのは、「すぐにでも退職したい」割合で、全体を通して約20％の若手がそう考えていることになる。

この中では、今の職場を「ゆるいと感じない」人たちが最多層になる（29・7％）。

図表6－3　現在働いている会社・組織の継続意向と「ゆるさ」の関係

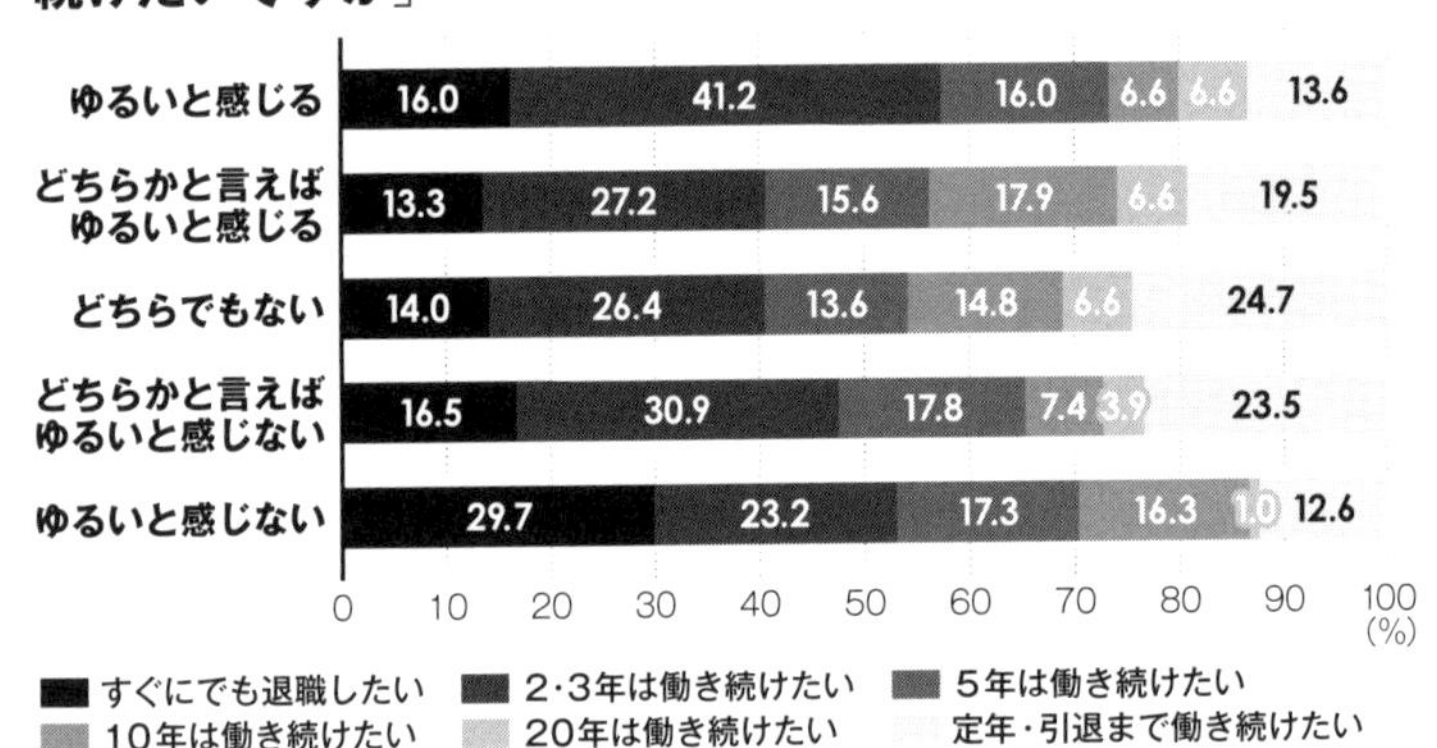

リクルートワークス研究所「大手企業における若手育成状況調査」より

このこと自体は想像に難くない。労働環境や条件がよくない会社で働いている新入社員なら、辞めたいと思うのは当然のことだ。

ポイントは、「2・3年は働き続けたい」と考えている人たちだ。こちらは職場を「ゆるいと感じる」層が最も多くなっている（41・2%）。このことは、リクルートワークス研究所の報告でも注目していて、以下のように解説している。

> 職場が「ゆるい」ならストレスもなく、自分がやりたいようにできて、心身ともに健康で安泰なのではないかと思ってしまうが、実際はそうで

はないのだ。就労継続意識が低いことは裏返せば、離職意向が高いことである。つまり、ゆるい職場は若手の離職意向を高めている可能性がある。

ここで1つツッコミを。

「就労継続意識が低いことは裏を返せば、離職意向が高い」という解釈は疑問だ。これは多くの日本人にも当てはまることだが、「続けたくないからといってやめたいというわけではない」という矛盾を抱えて生きているのが今の若者たちだ。

意識が高い(と感じられる)若者の姿

引き続き図表6−3の一番上のグラフを見ていこう。

職場を「ゆるいと感じる」人のうち、5年かそれ以上は働きたいと考える人は、42・8%しかいないことになる。

この割合の低さをもって、「将来のキャリアを見据え、ゆるい現状に不安を覚える若手が増えている」と考えるのが、昨今のメディアや企業人事部のトレンドだ。

例えば、2021年5月26日付の日経ビジネス「残業もないが成長もない…『ゆるブラック企業』は若者もごめんだ」では、次のように昨今の新入社員を評する声を紹介している。

「情報過多の中で育った今の就活生は、新型コロナもあり将来への危機感も強い。スキルを付けなければ生きていけないとの意識も高くてとても優秀だ」。こう語る大手企業の採用担当者は、新型コロナ禍を経てそうした傾向が強まっているとみる。

「今の就活生は……意識も高くとても優秀だ」とは、また実に高い評価だ。実際、このコメントは、今の若者の表層をとてもよく捉えているので、ぜひ頭に入れておいていただきたい。

このコメントの根拠ともなり得る点について、パーソル総合研究所は興味深い調査「働く10,000人の就業・成長定点調査」の結果を公表している（図表6－4）。

この調査は、全国の15～69歳の1万人を対象に、働き方の実態や満足度などについて、2017年から経年変化を追えるよう毎年実施されている。

このうち、自分の進みたいキャリアに対するイメージをどの程度明確に持っているか、という問いに着目すると、20～24歳の値が近年に入り大きく上昇している。

図表6－4　今の就活生の意識は高いのか？

※縦軸の数値は「とてもあてはまる」を5点、「あてはまる」を4点……と5段階評価を数値化し平均したもの

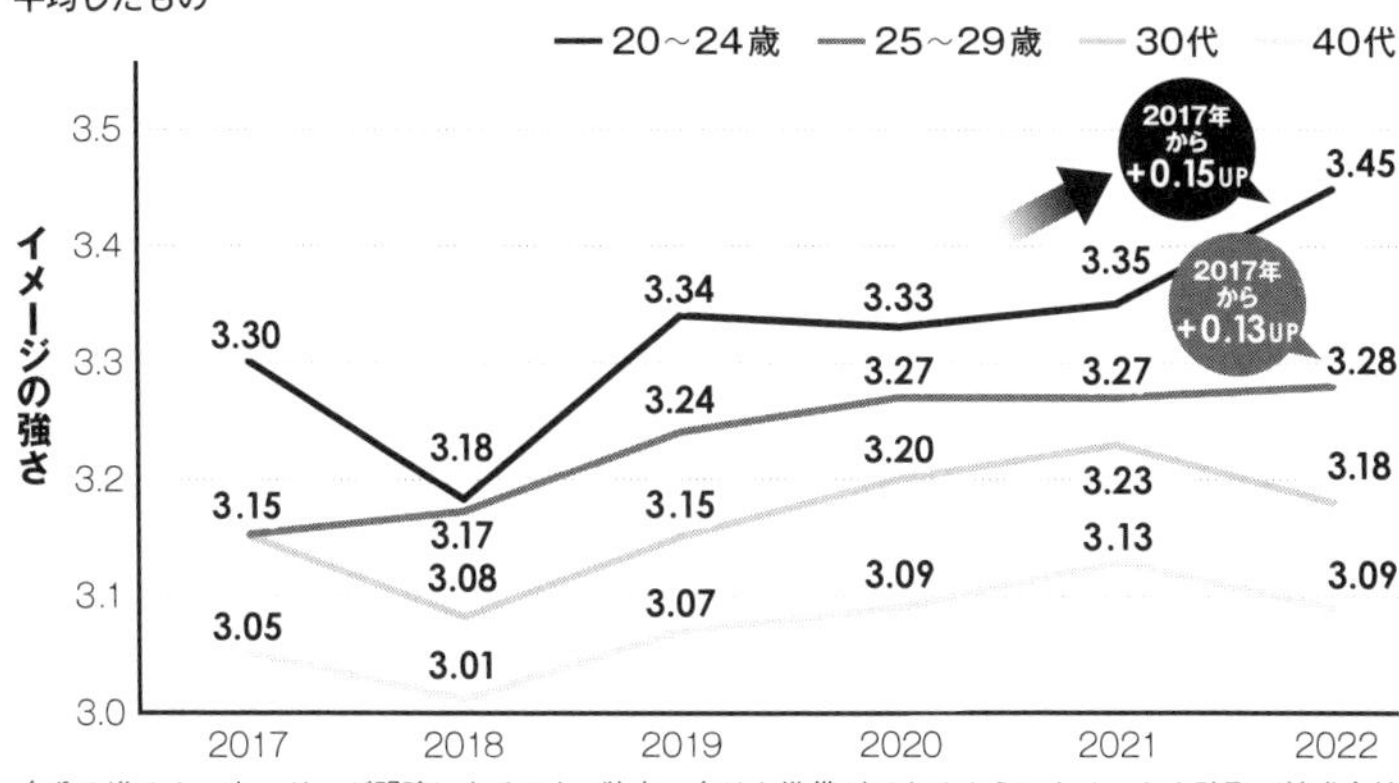

自分の進みたいキャリアが明確になること／独立へ向けた準備ができるようになることを聴取／株式会社パーソル総合研究所「働く10,000人の就業・成長定点調査」「成長実態調査2022：20代社員の就業意識変化に着目した分析」より

なるほど、若手におけるキャリア形成に対する意識が高まっている様子が窺える。これは頼もしい限りだ。

さらにパーソル総合研究所は、同じ20～24歳の特徴を深掘りしている。図表6－5は「仕事選びの際に重視したもの」の項目のうち、この4年間で減少した項目を掲載している。「休みの取りやすさ」や「仕事とプライベートのバランス」、「希望の収入」などが低下傾向にあるとのことだ。

これらのデータから、休暇やプライベート、収入などよりも、自分のキャリアの明確化を意識した若者が増えていると受けとれる（実に頼もしい限りです）。

図表6－5　仕事選びの際に重要視したこと（減少したもの）

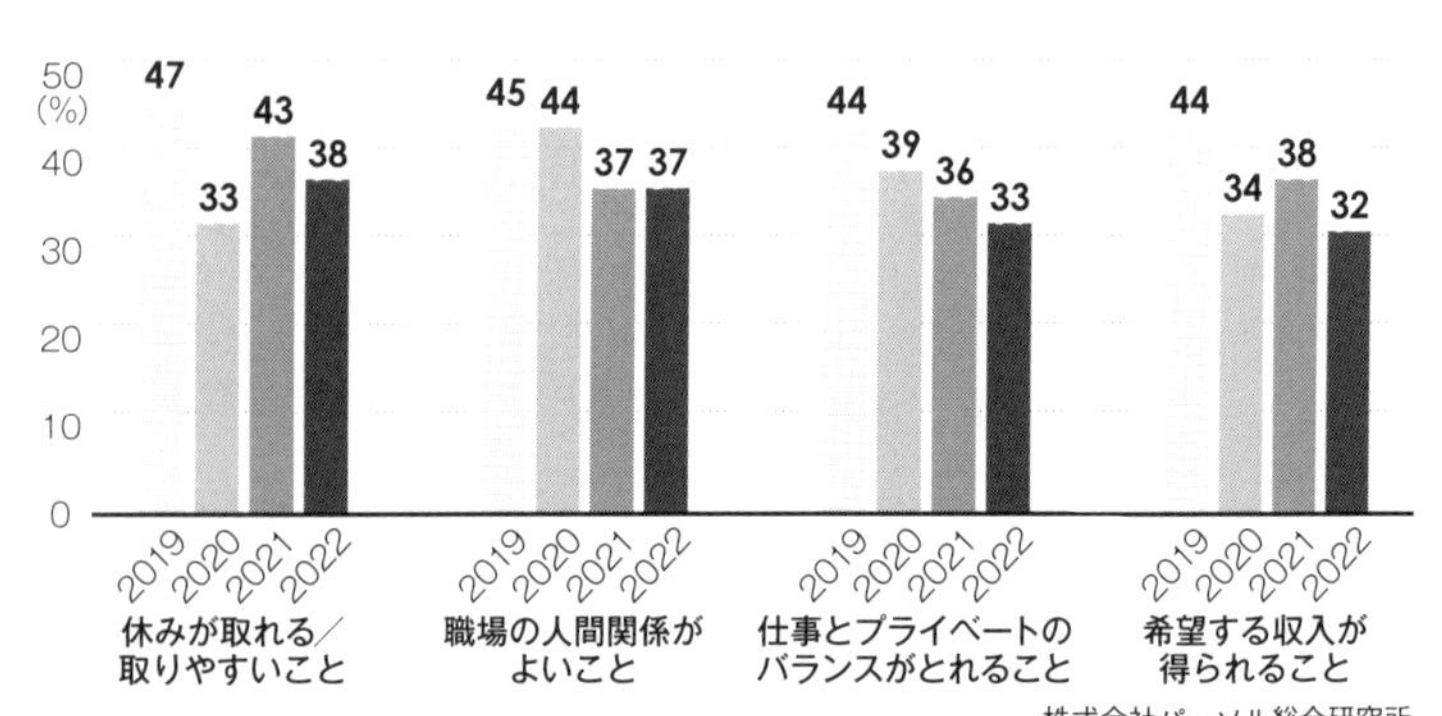

株式会社パーソル総合研究所
「働く10,000人の就業・成長定点調査」「成長実態調査2022：20代社員の就業意識変化に着目した分析」より

すでに、若干僕の心の声が漏れている気もするが、この辺りから、いよいよ僕の疑問が大きくなる。

そんなに今の若者は意識が高く、キャリアに対する明確なビジョンを持っていたか？

もしそうであれば、この国の衰退した空気と閉塞感は、もう少し解消されてもいいものだ。若者の主体性が課題になることはないし、何より僕のところへ企業人事部や教育機関から問い合わせが殺到することもない。

大事なのは、どの若者の、どんな要素を議論しているかを整理することだ。

多数のデータから総合的に鑑みた推計では、僕が主張するいい子症候群の若者

図表6－6 Z世代全体の気質といい子症候群の若者の構図

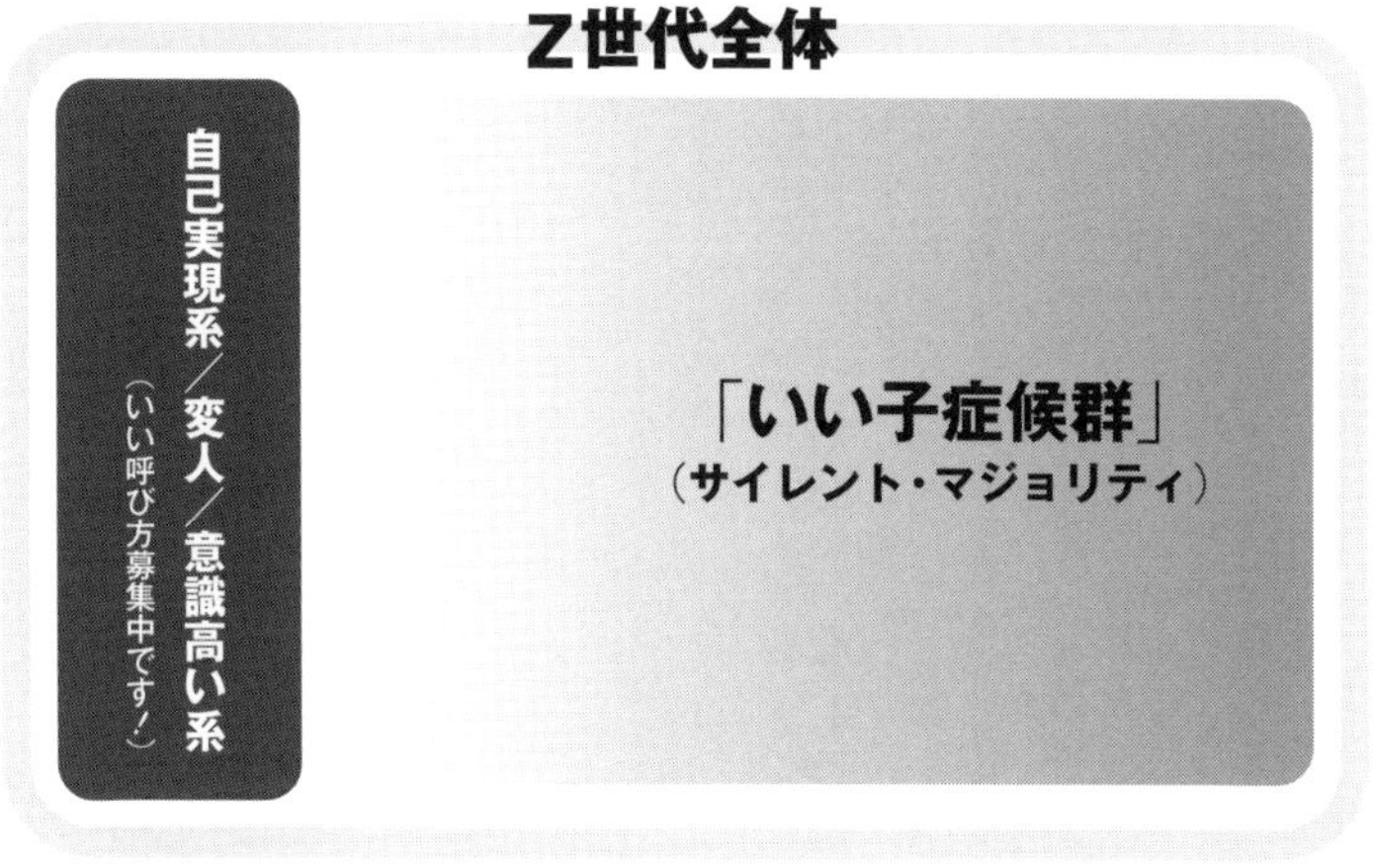

筆者作成

たちはおよそ全体の5割。もちろんきれいに区切れるわけではなく、「強め」から「弱め」までグラデーションの構造にある（図表6－6）。

他方、その対極にいると考える「意識高い系」あるいは「自己実現系」（最近学生たちは「変人」と呼んでいます）は、多くて1～2割程度。むろん、これもグラデーションだ（残った3、4割の若者が、僕にとっても今、最も不透明感が強く、関心を持っている層になる）。

今まで見てきたデータ（あるいはこれから引用するデータ）は、いわゆる若者らしい成長意欲のある層と、まじめで自己肯定感が低く、回避動機が強い、いい子症候群的気質を持つ若者が混在している。

前者については、これまでほとんど解説したことはないが、それは比較的わかりやすいからだ。

彼らには十分なエネルギーがあって、一緒にいるとこちらも元気と勇気をもらえる。接していると、若者みんながこうだったらいいのに、と思わせてくれる人たちだ（ただし、閉塞的なこの国では、何かと心理的妨害も多く、くれぐれもバーンアウトには注意して！）。

先の1on1に対する分類で言えば、〈積極志向〉との相関が高い。

「意識が高い＝優秀」「いい子症候群＝普通」の誤解

もう1つ、頻繁に訊かれる質問がある。

それは、「意識が高い＝優秀」で「いい子症候群＝普通」という構図が成り立つか、というものだ。

結論から言うと、それは誤解だ。ここが多くの先輩世代に混乱を与える所以(ゆえん)になっている。それぞれの実態をもう少し正確に記述すると、こうだ。

事を判断する。

1 意識が高く成長意欲の強い若者たちの主な特徴

自分を持っている。自分なりの知識や経験に基づいた基準があって、それを軸に物事を判断する。

そのため、自分を持ってない人にとっては、彼らが強く、冷たく、共感力に訴えることが難しい人たちのように見える。だから「あっち系」「変人」という印象になる。

自分の感情や主観、直感と、論理性や合理性を同じくらい大切にする。よって、それぞれのベクトルが逆方向を向くと、強い葛藤を引き起こす。彼らの悩みは、ほぼこれに尽きる。「頭ではあれをやるべきとわかっているのだけど、気持ちはこれがしたいと言っているんです」というやつだ。

より経験や知識を持っている人からは、危なっかしく、ヒヤヒヤさせられる存在となる。同時に、頼もしく、将来が楽しみな存在でもある。

他方、あまり経験や知識を持ってない人、あるいはそれを重視しない人からは、頭でっかちで、理屈っぽく、「現実」をわかっていない生意気な若者に映る。

彼らの中には、自己肯定感が高い人と低い人が混在しているが、仮に低い人の場合でも、自分がやってきたことや他者から認められたことについては一定の自信を持つ。

それを伸ばすことに対し興味を持ち、喜びを感じる。

2 いい子症候群の若者たちの主な特徴

一見して爽やかで、前向きで、コミュニケーション力があり、与えられた仕事もしっかりこなす。先輩世代の話をまじめに聞き、素直に従う。現実への対応力も高い。

そのため、先輩世代からのウケは悪くない。最も一般的な評価は「まじめで優秀」だ。

ただし、自分にとって不利益に感じることからは、いかに先輩世代が言うことでも距離を取る。逃げる。しかもその際は、誰にも否定されない方法を慎重に選ぶ。つまり、すっと引く。

理不尽を嫌う。それを批判するのではなく、とにかく距離を取る。

外的な要因によって、自分の感情がアップダウンされることを強く嫌う。

このことは友人関係などにも反映されるため、よほど高い心理的安全性が担保された場でない限り、基本的に否定的なコメントはしない。

全般的に、批判的思考を持ち合わせない。

自分の軸が弱い分、共感に重きを置く。周りが好きというもの、良いということに興味を持ち、自分もその対象に好評価を与える。この共感力の強さが、オンライン（LINEグループ、SNS、コメント欄の閲覧等）、オフライン（学校や職場のコミュニティ）を問わず、彼らのコミュニケーションの中枢にある。

自己肯定感が低い人が多く、「平均」を重視する。理想のポジションは「平均のやや上」。そこからは、上にも下にも飛び出ることに恐怖を感じる。

特に、下に落ちることに対する恐怖心は絶大で、平均に留まるためなら努力を惜しまない。

いかがだろう。

優秀か否かで言えば、どちらも優秀なのだ。むしろ、いい子症候群の若者の方が、「一見」とか「基本的に」という枕詞（まくらことば）が付くが、優秀に見えるかもしれない。

僕がいい子症候群の若者に対する理解を「表層的」と評する理由もここにある。

例えば、昨今の若者のキャリア意識が強まっているのは、先輩世代がそう仕向けているからだ。

「別の会社で通用しなくなる」と考える深層心理

前掲のリクルートワークス研究所の調査のうち、もう1つ大変興味深い結果がある。キャリアに対する不安感を問うた設問で、「自分は別の会社や部署で通用しなくなるのではないか」と感じるかを質問した結果、強くそう思うが10・9%、そう思うが34・7%となり、合わせて45・6%の若者が、自分のスキルや知識の汎用性に不安を抱えている構図にある。

他方で、ついさっき、「自分の進みたいキャリアに対するイメージをどの程度明確に持っているか」という問いに対する肯定的回答が増えていることを示した。

これらの結果をどう解釈したらいいのか。

リクルートとパーソル、調査した会社が違うから結果も違った、とするのは簡単だが……、そこは両社とも人材業界の雄だ。簡単にバイアスに埋もれるようなデータセットは作らない。

僕の仮説はこうだ。それを裏付けるデータもある。改めてパーソル総合研究所の20〜24歳における「仕事選びの際に重視したもの」の項目を見てみたい。今度は、4

図表6－7　仕事選びの際に重視したこと（上昇したもの）

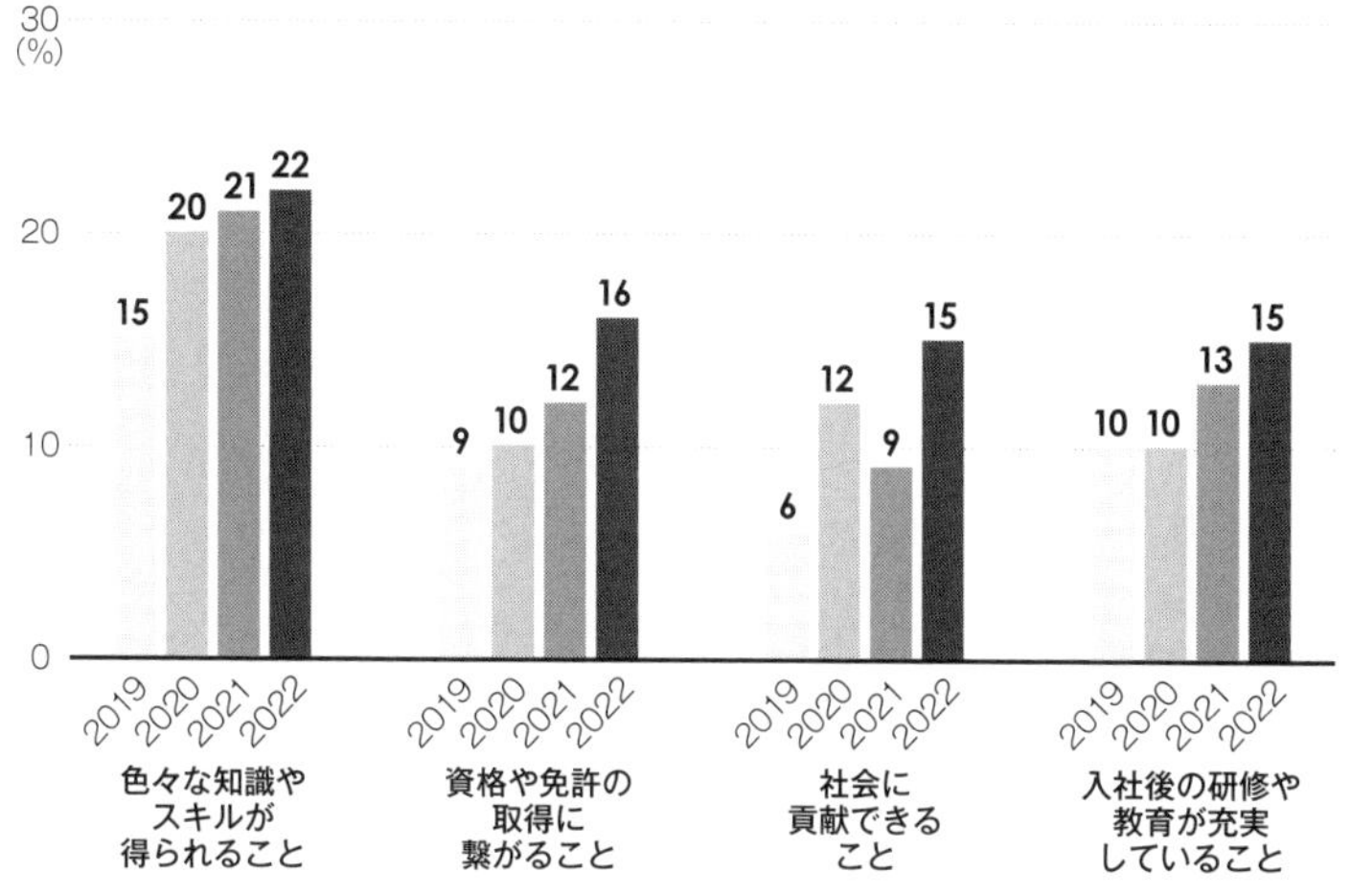

株式会社パーソル総合研究所
「働く10,000人の就業・成長定点調査」「成長実態調査2022：20代社員の就業意識変化に着目した分析」より

年間で上昇した項目を掲載しよう（図表6－7）。

近年、急速に上昇した項目として、「色々な知識やスキルが得られること」、「資格や免許の取得に繋がること」、「入社後の研修や教育が充実していること」などが並ぶ。

つまり、どの仕事に就くかを選ぶ際、知識やスキル、資格などが得られることや、研修制度が充実していることを重視する若者が増えている。

ここで読者の皆さんに問うてみたい。

現在の若者にとって「キャリアの明確化」とは何なのか。ひいては、彼らにとってその「成長」とは何を指すのか。

会社とは「自分を成長させる存在であるべき」

この問いをさらに考えるために、僕自身が取ったデータをお示ししよう。

設計は簡単だ。大学生に対し、「20代のうちに自分を成長させてくれそうな会社や職場のイメージを教えて下さい」という質問をした。

18人の大学生にインタビューを行い、記録を取った上で、キーワードや概念が似通った回答をグルーピングした。その結果を以下に示す。回答の多かった項目4つを順に掲載した。カッコ内は、その内容を言及した回答者数を指す。

問：「20代のうちに自分を成長させてくれそうな会社や職場のイメージを教えて下さい」

① 勤めている（これから就職する）会社だけでなく、他の会社や組織でも通用する能力やスキルを身につけさせてくれる（8名）

②なぜ自分がこれをやらないといけないのかを丁寧に説明してくれる（4名）
③作業の手順や流れを、順を追って教えてくれる（3名）
④指示するばかりでなく、一定の範囲で任せてくれる（3名）

ご覧の通り、①勤めている会社以外でも通用する能力やスキルが得られること、が断トツとなった。もちろん、回答者によって表現は少しずつ異なる。例えば「いつでも転職できるスキルが得られること」とか「汎用的な知識や能力が得られること」とか。これらを同一グループにしたのが①だ。

改めて、質問内容を見ていただきたい。

自分を成長させてくれそうな会社とは？　だった。回答だけを見ると、教育機関か何かと間違っているのではないかと思ってしまう（特に①や③）。

現在の若者にとって「キャリアの明確化」とは何か、「成長」とは何か、という問いに対する答えもここにある。

彼らは、会社や職場、仕事、上司という存在に対し、「自分を成長させてくれるもの」、「キャリアにつながる能力やスキルを与えてくれるもの」と捉える傾向にある。

もちろん、成長の主体は自分にあることは知っている。だから、直接尋ねれば、こう答える。

「自分の能力や個性を伸ばして、会社や社会に貢献したい」

だが、その実情は異なる。

印象を強く残してもらうために、誤解を恐れずあえてストレートな言い方をしよう。いい子症候群の若者にとって、会社とは、お金をもらって、その分貢献するだけの存在ではない。与えられた仕事をするのはもちろんだが、その過程を通して、会社や上司はいかに自分の個性に見合った能力やスキルを身につけさせてくれるかが大事になってきている。

だから、会社説明会における第一の質問が「御社にはどのような研修制度がありますか」になる（ただし、最近は少なくなりましたよね。それは大学側が「その質問は他人任せな感じがして印象が悪くなるから止めよう」と指導しているから。ネットでもそう書かれています）。

「キャリアの明確化」が意識の中心になってきているのも、いかに仕事をしながら効率よくそれらを高められるか、という視点が多分に含まれている。

そして、それらを与えてくれない会社を「ゆるブラック」と呼称する。

さらに正確に記そう。いい子症候群の若者は、キャリア意識を持っているのではない。「キャリア意識を持つ若者でいることが正解」と教わったから、そう振る舞う。

本当に心の底からキャリア意識を強めることは(彼らにとっては)極めて難しい。

若者を対象としたデータの多くは、意識高い系といい子症候群が混在した状態にある。ただし、その割合は、いい子症候群が圧倒的多数だ。

このいい子症候群=サイレントマジョリティにとっての「成長」とは、周りからこぼれ落ちないためのそれに等しい。

職場がゆるすぎて辞めたくなるのは、同世代と比較して自分が置いていかれることへの恐怖から発せられる。

先輩世代の皆さんは、まずは彼らのことを理解してあげよう。そして、決して「矯正」しようとしてはいけない。もどかしいかもしれないが、決してしてはいけない。あなただって、誰かから心のありようを矯正されそうになったら抵抗するだろう。

それよりも、とにかく理解してあげよう。深く、真摯に受けとめる、というより、楽しく、柔らかく受け入れる。

そして、その気質のままの彼らと、共に前に進むことを考えて。

このことは、僕が皆さんに送りたい第一のメッセージであり、そんな社会を実現することが僕自身のミッションの1つでもあるので、何度でも繰り返したい。

それでは、なぜ今の若者は、そのような思考が強くなってきたのか?

それを考えるポイントは、次の2点にある。

①昨今の知識やスキル、能力の獲得に対する「ファスト化」
②同世代と比べて、自分だけ知らない、自分だけできない、という、いわゆる「平均値」からの脱落に対する強い恐怖心

これらの点は、後の章で再び迫ってみよう。

第7章

日本とアメリカの「静かな退職」

「静かな退職」とは何か？

2022年の夏ごろに「Quiet Quittingってご存じですか？」と、知り合いの企業経営者から聞かれた。

アメリカの若者を中心に反響を呼びだした概念で、ある技術者がTikTokに投稿した動画がきっかけと言われる。

実際に見てみると、わずか17秒の動画で、がむしゃらに働くことだけが人生ではない、といったナレーションが流れる。正直、特に面白いわけではない。

日本語では「静かな退職」と訳されているが、これは誤訳だ。

あえて訳すなら「平穏への解放」「静かなる撤退」というところだろう。

というのも、「Quiet Quitting」は実際に仕事を辞めるわけではないからだ。

職場で給料を得るために求められる最低限の仕事はこなすが、それ以上はがんばらないという状態を指す。

加えて、新しい取り組みやプロジェクトへは参加せず、出世にも興味を示さない。

当然、業務終了後は仕事のことは一切考えない。

HuffPost、Wall Street Journalなど、アメリカの主要オンライン・ジャーナルで2022年秋ごろから取り上げられてきたQuiet Quittingに関する記事を要約すると、以下の通りだ。

仕事において会社や顧客の期待通り、あるいは期待以上の成果を目指すことは、やりがいがある反面、多くのストレスを伴う。そのストレスさえもエネルギーに変えられる人もいるのだろうが、そうではない人も多い。

若者の中には、そうして仕事に情熱を注ぐことで、もともと偏っていた食生活がさらに偏ったり、睡眠の質あるいは量が低下するなどして、徐々に身体の不調を感じるようになる人もいる。

あるいは、体調の悪化を感じることはなくても、「何のためにこんなにがんばっているんだ」と考える人は少なくない。

「とにかく、一生懸命働くことをやめる」という意味で、英語では「Escape hustle culture」というフレーズがとても多く使われている。

Quiet Quittingも「がむしゃらに働くハッスル文化からの逃避」を意味している。

イーロン・マスクによる「ハッスル文化」の揺り戻し

「(意識の高い人が多そうな)アメリカ社会においても、そう感じる人は増えているのか……」というのが、多くの読者の率直な感想かもしれない。

特に2022年は、日本経済の低迷ぶりが、「安い日本」、「買われる日本」を示すデータとともに一気に浸透した年だったので、余計そう感じる人も多いだろう。アメリカとの経済力の格差を、極めて身近な「所得」、「給与」という尺度で、まざまざと見せつけられたばかりだ。

それでは、実際にどのくらいアメリカの中でQuiet Quitterが増えているのか。

残念ながら直接的なデータは存在しないものの、関連するデータとして頻繁に活用されるのが、アメリカの著名な調査会社ギャラップが公開しているデータだ。実際に同社を有名にした調査票の1つに、「Q12」(キュー・トゥエルブ)がある。

この調査では、広く労働市場からランダムに回答者を抽出し、12個(と、言っているが実際はQ00を含む13個)の質問をするものだ。項目は、仕事に対する満足度、生産性、ウェルビーイングなど多岐にわたる。これらの結果を総合することで、従業員の

図表7－1　アメリカの従業員エンゲージメントの推移

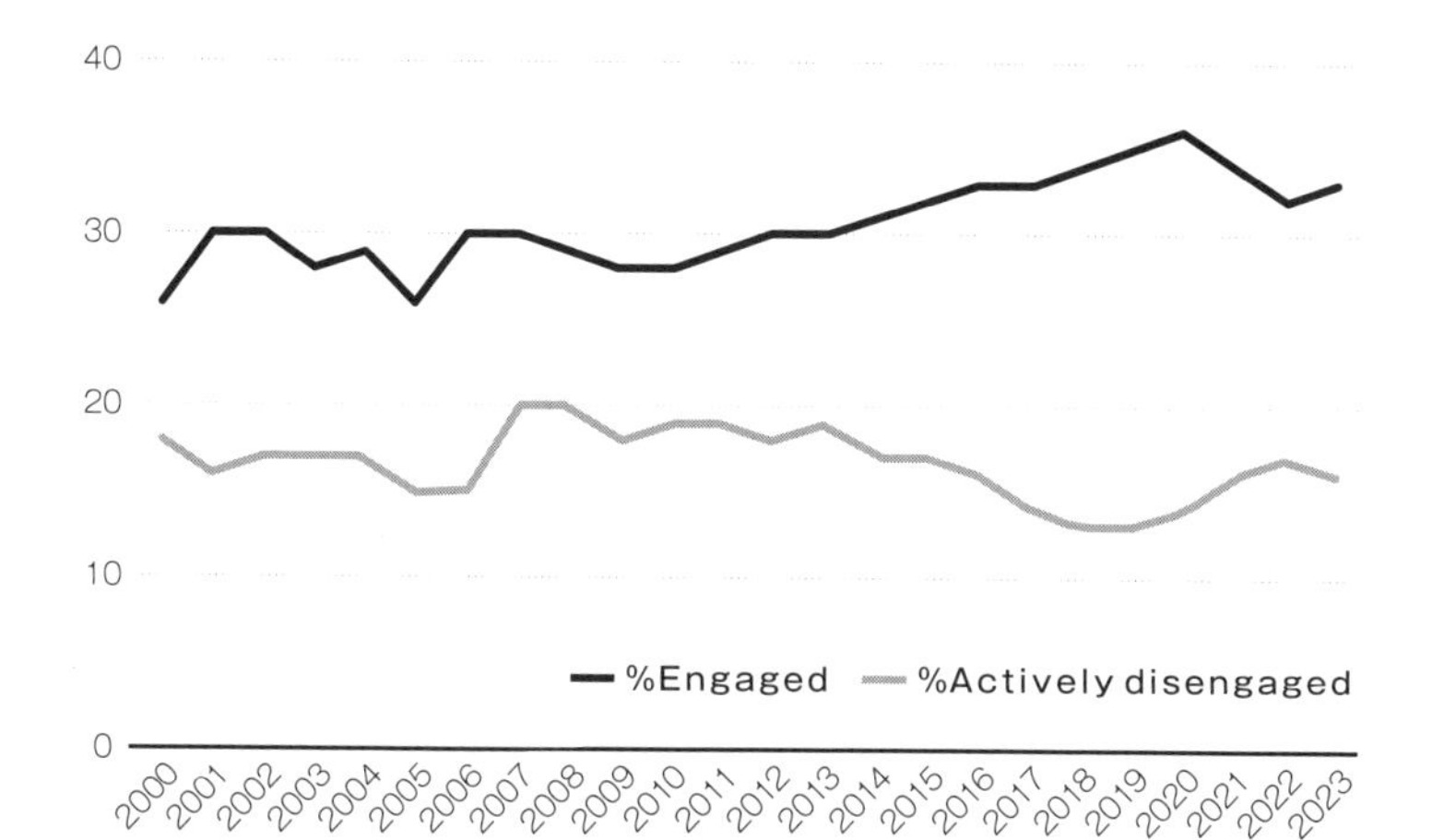

「Gallup's Employee Engagement Survey」より

エンゲージメントを算出している。

エンゲージメントとは、簡単に言うと、労働者の組織に対する愛着心や熱意を表したもので、エンゲージメントが高い従業員ほど、労働生産性やウェルビーイングが高く、離職率が低くなるとされる。

ここでは、その結果を活用し、2023年8月にアップデートされたデータを引用しよう。データは、「Engaged」、「Not engaged」、「Actively disengaged」で100％となるよう構成されており、図表7－1には、このうち「Engaged」と「Actively disengaged」を掲載した。

これを見る限り、「Engaged」、

つまり仕事に対し熱意をもって取り組もうとする人の割合は、減っているどころか、緩やかに増加傾向にある（ちなみに近年の日本の「Engaged」は5％台で推移しており、びっくりするほど低い）。

この点だけ見れば、Quiet Quitting現象の兆候は認められない。

個人的にこのデータで着目したいのは「Engaged」と「Actively disengaged」のギャップだ。アメリカ社会では、ある方向への勢いが増してくると、それに対するアンチテーゼとも思える意見が強くなることがしばしば見られる。

Quiet Quittingについても、そのような解釈が可能だ。事実、先に上げた主要ジャーナルには、Quiet Quitterに対する批判的な意見が多数登場する。

「努力は若者の権利であり社会に対する義務でもある」、「がんばらない姿勢は現実逃避に過ぎず、仕事の不満や燃え尽きに対する万能薬ではない」、「ただ単に怠惰を正当化し助長するのみ」、「本当に休息を必要とする人もQuiet Quitterと思われてしまう」、といった具合だ。

そして、読者の皆さんも記憶に新しい、ツイッター社（現X社）を買収したイーロン・マスクが従業員に送ったとされる次の文も、Quiet Quitterへのアンチテーゼと言えるだろう。

「Going forward, to build a breakthrough Twitter 2.0 and succeed in an increasingly competitive world, we will need to be extremely hardcore.」

（ますます激化する競争の中で成功するためには、極めてハードコアであることが必要だ）


この先、この対立した構図がどのように進むのかを予想するのは難しいが、しばらくは共存していくだろう。

すでに「静かな退職者」だらけの日本

ここまで、アメリカを中心としたQuiet Quitting VS.ハッスル文化の構造を見てきた。

ここからは、これを長い前置きにして、日本社会と対比してみよう。

このQuiet Quittingという思想、日本人である我々は、わざわざ面白がって学ぶ必要などないかもしれない。

すでに一定の読者の皆さんはお感じのことだろう。何のことはない、Quiet Quittingこそ日本文化になりつつある。

ここまで論じてきた「いい子症候群の若者たち」の実像と、アメリカ発のQuiet Quittingという概念は、大部分において重なるところがある。

特に整合性が高いのが「自らはアクションを起こさず、指示待ちに徹する」という姿勢だ。

さすが課題先進国ニッポンだ。アメリカで最近話題になった現象を、何年も前から先取りしている。

ちなみに、海外の研究仲間に、日本人の「指示待ち気質」を説明することは至難の業だ。むろん僕の拙い英語力のせいもあるわけだが、たっぷり考える時間があったとしても、やはり難しい。

「Waiting for instruction from their supervisors」

「Preferring being controlled on their jobs」

というと、一旦はわかってくれることが多い。

ただし、(少なくとも僕と交流のあるアメリカ在住の研究者たちは)それを主に低賃金労働者や高齢者のことだと思うようだ。

だから、「いやいや、大卒の若者のことですよ」と、改めて説明するわけだが、ますます「Why?」「I don't get it!」の集中放火にあい、撃沈することに……。

なので、ここはせめて日本人の皆さんと共有・共感・共鳴させていただこう。日本における「静かな退職」現象は、新しくもなんともない、「今そこにある危機」という状態だ。

ただし、アメリカと日本のQuiet Quitterが大きく異なる点が2つある。

1つ目は「Actively disengaged」というところ。「積極的にハッスルしないことを主張する」なんて、いかにもアメリカ人らしい印象だが、日本の若者はむしろ逆だ。一定の意欲を見せつつ、与えられた仕事をそつなくこなし、それ以上の目立つ行動はしない、というのがいい子症候群であり、だからこそ先輩世代を困惑させる。

事実、「Q12」の国際比較を見ても、「Actively disengaged」の割合に大きな日米差はなく、むしろ日本が際立っているのは「Engaged」の低さと「Not engaged」の高さだ。

2つ目は日本の場合、本当に若者が辞めてしまうことだ。

アメリカにおけるハッスル文化からの逃避は、別に退職まではしない。にもかかわらず、日本の若者は会社そのものに見切りをつけてしまうなんて、アメリカ人もびっくりの大胆行動だ。

日本社会はアメリカのそれのように人の流動性は高くない。それは、いわゆるジョブ型雇用ではなく、メンバーシップ型雇用が理由だが、そのメンバーシップ型の雇用環境の中で（特に若手の）退職者を出すことは、組織にとって大きな痛手となる。

つまり若手の退職は、日本社会において、より大きなインパクトをもたらす。

「働かないおじさん」が、若手に与える影響

本章ではもう少し、日米の若者の労働文化の違いを見ていこう。

クアルトリクス合同会社は、興味深い調査レポート「2023年従業員エクスペリエンストレンド」を公表している。この調査は、世界27の国と地域を対象にしたグローバルレポートと、日本独自に追加調査を実施した日本レポートがある。日本レポートでは、正社員として雇用されている18歳以上の就業者4,157人が回答している。

この調査では、Quiet Quitterを定量的にあぶり出すべく、「自発的貢献意欲」の度合いが高・中・低のうち「低」に該当し、かつ「継続勤務意向」の度合いが高・中・低のうち「高」に該当する人を「静かな退職状態にある人」と分類している。

こうすることで、「自発的に仕事する意欲はなく」（＝自発的貢献意欲の「低」に該当）、でも「辞めずに在職し続ける」（＝継続勤務意向の「高」に該当）人を特定している。実に絶妙なグルーピングだ。

分類の結果、この自発貢献「低」×継続勤務「高」の割合は、40～50代の中堅社員に多いという傾向を浮かび上がらせた。

逆に20代は相対的に少なくなっている。

調査の主幹である市川幹人（いちかわみきと）氏が、この調査結果から浮上した「静かな退職状態にある人」について、「管理職ではなく、最低限のことをやって給与をもらいたいという一般社員が（40～50代該当者の）中心」と雑誌のインタビューに答えている。

この結果に鑑みると、日本では、「静かな退職」というより「働かないおじさん」と呼称される人たちに近い印象だ。

さらにこの集団を「学習意欲が低く、仕事による承認や報酬にも興味を示さない傾向にある」と評している。

会社としても上司としても、実に悩ましい存在だ。

ただ、「働かないおじさん問題」は、（悪意のこもった名称は別にして）本人や一部署の問題ではなく、つまりは本人の責務ではない日本社会全体の課題だとする傾向が強い。

多くの場合、本人が望んでそのポジションに収まったわけではないことを考えると、僕も同意見だ。

この問題に対する分析や論考は、すでに多くの書籍等で扱われているため、本書ではこれ以上取り上げない。

むしろ、僕自身が明らかにしたいと思っているのは、「働かないおじさん」の存在が若手に与える影響だ。

2022年4月に株式会社識学が、従業員300人以上の会社で働く20〜39歳の男女300人を対象に実施した調査によると、所属する会社に「働かないおじさん」がいると答えた割合は49・2%で、このうち「特に悪影響はない」と答えたのは9・0%しかいない。

別名「妖精さん」という名の通り、日々の業務に対して害があるわけではなさそうだが、生産性が低いわりに高給となると、やはり放っておけない存在となる。

今の若者が会社を辞める4つの理由

いま現在、体調不良やパワハラ被害、ブラック企業からの脱出などの理由を除き、若者が退職を考える今風の理由は、大きく分けて4つある。

1つ目は、当然のことだが、仕事は楽しいことばかりではない。多くの若者は、「普通の職場環境」「普通の待遇」「普通の上司」を想定し、職に就く。そして、自分がそれまで「普通」と想定していたことが、実は極めて恵まれた「天国」だったことを知る。現実は「理不尽な職場環境」「不公平な待遇」「意味不明な上司」の3貫セットだ。これらが1つか2つある程度が「普通」であり、毎日ギリギリのところでがんばる。事前の想定が甘い人ほど、このギャップを強く実感することになる。

2つ目は、すでに論じてきた「ゆるブラック」企業からの退職だ。

日本企業の多くは、残業を含めた労働時間を着実に減らすとともに、ハラスメントへの対策を強化することで、職場を働きやすくクリーンな場に変えてきた。

もうどの職場でもタバコをぷかぷか吸うことはないし、若手女性社員を「カワイ子ちゃん」と呼ぶこともない。新人がピッチャー片手に上司にビールを注いで回ることもないし、「24時間戦えますか」というセリフは、一周回ってむしろカッコよく聞こえるくらいだ。

が、そんな全国クリーン化計画が、逆に一部の若者にとっては「成長」の機会が奪われていると感じられるわけだ。

若い世代における「働きやすさ」と「働きがい」は反比例している、という分析結果も散見されるようになった。貴重な人材に配慮し、「働きやすさ」を追求することで、結果的に働きがいが低下しているとなれば、これは皮肉なことだ。

3つ目と4つ目は、やや趣向が異なる。

3つ目は、配属が希望通りにならなかったときの退職だ。そんなことなら昔からあっただろう、と思われる人も多いと思うが、昔と異なるのは若者のリアクションだ。

昨今の特徴として、その若手に対し、なぜ希望通りの配属にならなかったかをしっかり説明しなければならない。理不尽でないことを、時間をかけて理解してもらう必要がある。

そんな一連の努力を重ねてようやく「わかりました。ありがとうございます」という返答が返ってくる。

翌週の退職願いとセットで。

「わかりました」って言ったじゃないか!

というツッコミは通用しない。彼or彼女がわかったのは「会社の考えと自分のそれとは違う」ということなのだ。

かつて若者はこのことを、「配属(異動)ガチャに外れた」と表現してきた(もう誰も言いません)。

しかし、経営者や上司にしてみれば、異動や配属には当然、意味がある。決して偶然ではなく、あみだくじで決めているわけではない。

つまり、配属も異動もガチャではない。親ガチャや国籍ガチャ、見た目ガチャとは、本質的に全く異なるものだ。配属や異動には根拠があるのだ。

にもかかわらず、若者は「ガチャに外れたんで、会社辞めるわ」となる。

昨今の若者の潮流として、会社や組織のことを、自分からは遠く離れた大きな流れのようなものと見なす傾向が強くなっている（実際には自分とたいして変わらない人たちが働いているだけなのだが）。

そして4つ目は、会社は自分に何をしてくれるか、という考えが、若者の間で強くなっていることだ。今の若者は、会社あるいは経済社会を「固定化された仕組み」と見なす傾向が強い。というより、そういうものを理想としている、と言った方が近いかもしれない。

したがって、スキルや能力向上の機会についても、会社や上司が「仕組み」として用意すべきものであって、それがない（あるいは自ら作らなければならない）会社は理不尽だ、ということになる。

僕はこの背景に、知識やスキル、能力の取得に対する「ファスト化」があると考えている。

「おすすめの資格」を尋ねる若者の真意

大学教員として高校生（あるいは大学1年生くらいまで）と接すると、度々訊かれることがある。

「どんな資格を取っておくといいと思いますか？」（同業者の皆さん、あるあるって感じですよね）。

先日、入学したての大学1年生の前で、企業から内定をもらった大学3、4年生を集めた就職活動に関する座談会を開いたときも、Q&Aタイムで同じ質問が出ていた。

僕の場合、そういう質問を受けたときは、一旦、逆質問をさせてもらうと断った上で、「あなたの目標は何ですか？　もちろん今の時点で」と訊き直す。

逆質問の形となっているが、これが事実上の僕の答えだ。

つまり、「資格の有効性は目標による」。

極めて当たり前のことを伝えているわけだが、素直でまじめな日本の若者は、そうは捉えないらしい。逆質問の答えで最多となるのはこんな感じ。

「いや、特にまだ目標とかは決めてないんですけど、現時点で何かおすすめの資格とかがあればと思いました」

言い方は若者らしく、たどたどしいが、言葉づかいは丁寧だ。

僕以外の多くの教員は、ここでいくつかの資格をあげるなど、何らかの回答をしてくれる。人によっては、自分の体験なども交えて話したりして、とても素晴らしい。

ただ、僕は原則を記憶に留めてもらうよう努める。資格はあなた自身の能力のほんの一部の証明に過ぎない。資格自体が決定的な武器になる時代ではない。少なくとも、資格が取れそうだから、という理由だけで進学先を選ばないでほしい。

結果的に突き放す言い方になるから、質問した新入生は少し苦い顔をする。それを見ながら話す僕のメンタルも、少し削られる。


ストーリーはここで終わりではない。むしろ、ショックだったのはここからだ。

僕の返答は、つまるところ「資格は活用するあなた次第」ということだ。

ちなみに、こういった対談イベントや座談会には、アンケートが付き物だ。そこには、追加で訊きたいこと、なんていう項目もある。

そこにこう書かれていたことがあった。

「資格は目標次第というお話、ありがとうございました。では、どういった目標のときに、どういった資格が有効か、わかるような一覧表や解説書があれば教えてほしいです」

マジか、今の若者よ。

と、苦笑いすることは簡単だ。

だが、若者がそう思うようになった原因は何か。誰のせいか。

それを考えると、ちょっと怖くなる。

あくまでもこの世を効率的に生きる上で有効なテンプレートを1つでも多く欲しがる若者たち。それを得ることで、なるべく少ない努力で、周りと同等か、そのやや上の安定した生活を得ることを意識している。

若者が求める「ファスト・スキル」とは何か?

2022年9月にレジー著『ファスト教養　10分で答えが欲しい人たち』(集英社新書)という本が出版され、若者を中心とした教養の取得に対するファスト化が話題となった。

簡単に言うと、手っ取り早く仕事に役立つ教養を身につけたいという若者が増えている、という主張で、僕も全く同感だ。

入門書や専門書を何冊も読んだり、大学の講義に参加したりすることは、コスト負担が大きいし、効率も悪い。それだったら、「○分でわかる□△解説」といった動画はたくさんあるし、何なら詳しい人にさっと教えてもらえれば十分、という考えが強くなっている。

こういった、いわゆるコスパやタイパを計算した行動が目につくようになった。

僕は、ファスト化の対象は教養だけではなく、スキルや能力にまで及んでいると考えている。

そして今の若者の多くは、それらが得られる機会は会社側から提供されてしかるべきであって、それがない会社は良くない会社と考える、というのが僕の主張だ。

仮に若手に与える仕事を、誰にでもできるような作業に限ってしまえば、身を切られるようなストレスを感じることはないし、彼らから「理不尽だ」、「ブラックだ」、「搾取だ」と訴えられるような状況にはならない。

少なくとも着任初期の若手の定着率は上がるかもしれない。それだけなら、とにかく若手を大事にしたい上司や会社にとっては一安心だろう。

ただし、そのような職場環境に身を置くと、新たな仕事に対する知識やスキルが身につかないのは明白だ。一部の若者は、ここに不安や危惧を覚える傾向にある。

仕事にも会社にも「ファスト・スキル」の獲得機会を求める

この点は、実際にパーソル総合研究所「成長実態調査2022：20代社員の就業意識変化に着目した分析：過去6年間の変化からみる2022年の20代社員像」でも、以下のように指摘されている。

20代前半正社員の仕事選びの重視点は、休みの取りやすさ、人間関係、収入などが減少する一方で、社会貢献や、知識・スキルが得られるといった「自己成長」に関する項目が上昇傾向。今後のキャリア形成を考えて、自身を成長させてくれる会社を選びたいという意向が強まっていることがうかがえる。

ここでも、やはりポイントは「ファスト・スキル」にあると考えている。

今の若者の多くは、成長を実感したい、職業人として通用する能力を身につけたい、という気持ちは確かに強い。

かといって、批判が飛び交うような職場や、がむしゃらに働かなければならないような業務を求めているわけではない。じっくり3年、5年とかけて身につけるような職人的下積みも、求めているわけではない。

要するに、今の若者の多くは、なるべく手軽に成長を実感したい、周りに遅れないよう効率的に職業人として通用する能力を身につけたい、という気持ちが強い。これが正確な表現だろう。

だからスキルや能力向上の機会を無視してこき使う職場を「ブラック」、逆に仕事量が少なく、身につく知識やスキルが少ないと感じる職場を「ゆるブラック」と評することになる。

矛盾を内包して生きる若者たち

また、「仕事でバリバリ稼ぎたい」、「やりがいを持って働きたい」というポジティブな理由ではなく、「日本の経済成長は見込めないから、若いうちからスキルや経験を求めなければ生き残れない」という、日本経済に対する期待感の低さも影響しているのでは？　と考える人も多い。

検証してみよう。

確かに、今の若者にとって、長引く低成長の日本に対する期待感の低さや諦念感は強い。

また、先のパーソル総合研究所の調査では、「上の年代と比べ、従来の企業従属型ではなく主体的なキャリア形成を目指す価値観を身に付けている」と解説されている。

もし仮に、本当に多くの若者がそう考えているのだとすれば、もっと大勢の若者が日本を離れてしかるべきだ。大学に勤めている人間ならよくわかることだが、昔と比べて今の大学では海外留学支援の機会は多い。

にもかかわらず、そんな支援に学生が殺到している、といった状況を聞いたことがない。むしろ、支援提供者たちの方が、積極的に人集めしている印象だ。

もし仮に、パーソルの調査結果が言うように、多くの若者が日本や企業の未来に期待せず、主体的なキャリア形成を目指しているのなら、もっと元気でチャレンジ精神を持った若者が世に溢れていてしかるべきだ。

固定化された既存企業を破壊対象と見なし、新たなビジネスを仕掛ける若者が席巻（せっけん）してもおかしくない。

だが現実としては、そのような若者はほんの一部に留まる。

簡単ではあるが、僕の中で検証した結果、導き出された考察はこうだ。

今の若者は、多くの矛盾を内包したまま生きている。

彼らが、長引く低成長の日本の未来に危機感を感じていることは事実。

先輩世代と比べ、主体的なキャリア形成が大事だと思っていることも事実。

それと同時に、正解主義で、いち早く皆が思う答えを知ろうとすることも事実。

リスクの伴ったチャレンジはせず、周りの様子ばかりうかがった行動をしているのも、やはり事実なのだ。

このように、一見相反するような概念を、今の若者は抱えたまま生きている。特に強いギャップとして存在しているのが、彼らの「認識」と「行動」の矛盾だ。

右に述べた4つの「事実」のうち、前者の2つは認識に関するもので、後者の2つは行動に該当する。

主体性が大事だと認識しつつ、自らチャレンジはしない。

日本の未来に危機感を持ちつつ、行動は控えめで横並びの正解主義。

これでは、先輩世代の皆さんが混乱するのは当然だ。

この「矛盾を内包する若者たち」は、現在、多くの調査結果において観測されていて、僕も引き続き深耕したいと考えている。

次章では、このような彼らの気質の一角をなす「正解主義」について整理していきたい。

第8章

「とにかく正解を求める若者たち」の実像

問：現状のインターンシップは必ずしもうまくいっているとは思わない（現在、何らかの形でインターンシップを担当している人のうち）

筆者「１０１ヒアリング：人事担当者編」より
N＝27

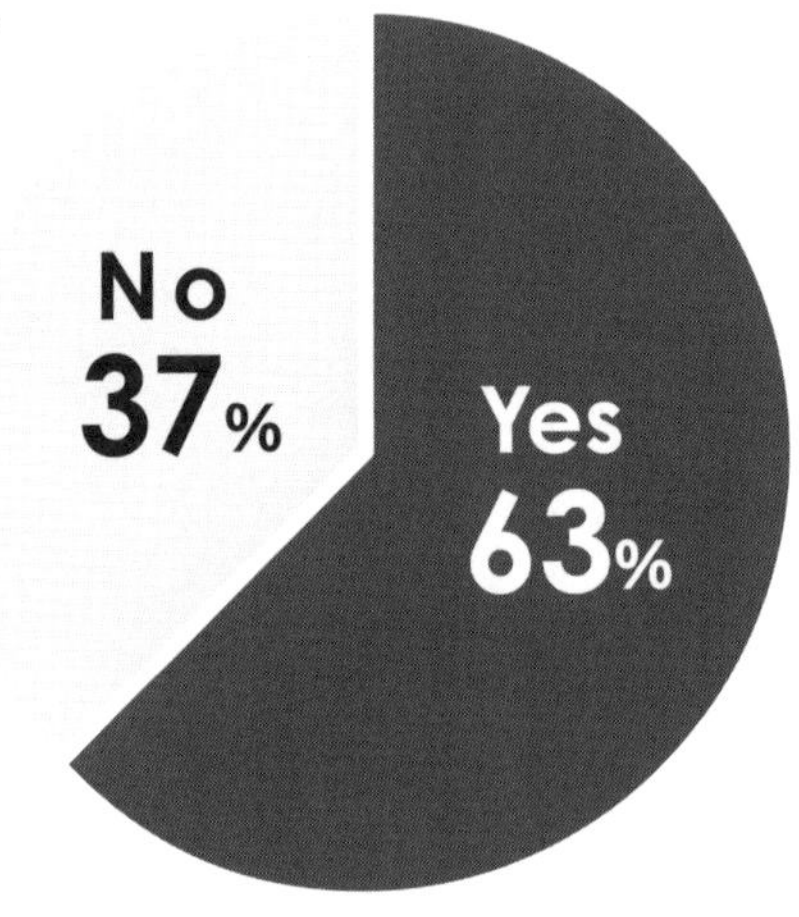

正解を求める若者が恐れているもの

多くの大学生は3年生になると、ゼミや研究室に属し、調査や実験、グループワークなどを経て卒業論文を執筆することになる。ゼミはいわば、大学生活後半の居場所の1つのようなものだ。そしてそのゼミの担当教員が、いわゆる生涯の恩師となる。教員の中には、民間企業との付き合いを活発に行う人もいて、最近では共同研究を実施している研究室も増えている。

企業からすれば、教授ないしは准教授の下で協力してくれる学生はそれなりに貴重な戦力となる。よって大学へ足を運ぶ際には、手土産を持参するケースも少なくない。

さて、ここからが本題だ。

あるゼミ室に、共同研究を実施している企業のMさんが顔を出し、「こんにちはー。これお土産です。よかったら皆さんで」と、紙袋を持ち上げて見せてくれたとしよう。はい、ここで問題。次の瞬間、何が起こるだろうか?

せっかくなので選択肢を用意した。

①「わー、ありがとうございます！」と言って、Mさん（というよりその手土産）にゼミ生が群がる

②ゼミ生の1人が「あ、わざわざすみません。ありがとうございます」と言って、手土産を受け取る

③全員固まる。つまり、ほぼノーリアクション。正確には、本当にリアクションがない人半分と、同級生の方を見たりする人半分

さて、あなたのイメージはどれに近いだろうか？

①をイメージしたあなたは、おそらく社会人の中ではベテラン勢かもしれない。「若者といえば」というイメージをストレートに反映したのが①になる。

②はいかにも「普通」という感じの状況か。

③は、何というか、ちょっと失礼だ。いや、だいぶ失礼だ。

それでは、今の大学生にとって、最も起こりやすいのはどれか？

答えは③だ。この無礼千万極まりない状況を、実際に僕は何度も目の当たりにしてきた。逆に、手土産を持参した人がよっぽど仲のいい人でない限り、①の状況は発生

しない。

なぜ③なのか。

仮にその手土産を個包装されたバターサンドだとしよう。ホールケーキやバームクーヘンだと切り分けるのが大変だろうからと、優しいMさんは気を使ってくれた。

それでもなお、③の出現頻度は変わらない。それはなぜか。

それは、今の大学生が傍若無人(ぼうじゃくぶじん)な無礼者でも、常識知らずなわけでもない。学生のバターサンドに対するリアクションが薄い理由、それは「自分が代表して受け取ることが怖い」からだ。

誤解を恐れず、ストレートに表現しよう。この状況において、バターサンドは恐怖の対象でしかない。それはなぜか。

それは、そこに「責任」が発生するからだ。何をバターサンドで大げさな、と思うかもしれないが、それが昨今の若者たちの心理的特徴なのだ。そのバターサンドにどんな深刻な責務が発生するのか、いまいちピンとこない人のために簡単に解説しよう。

仮にこのバターサンドが12個入りだったとしよう。そして今、その場にいるゼミ生は8人だったとしようか。

そうすると、1人1つずつ配ったら4個余る。この4個の処置が極めて重大だ。ゼミの先生に渡しても3個余る。これはさらに深刻だ。自分がそんな渦中に巻き込まれることは断じて避けなければならない。よって、「1人1つ配布作戦」は穏便ではない。

穏便こそ命。このバターサンドは、今まで保険に保険をかけて生きてきた人間関係を窮地（きゅうち）に追いやるハイリスクアイテムに他ならない。

そんな心理が作用した結果が、先の「③固まる」というリアクションに集約される。

「いい子症候群」の若者たちが取る「最適な戦略」

実はこの状況、最も耐え難いのはMさんだ。この「固まる合戦」において、歴戦の「固まる勇者」たちを相手にMさんに勝ち目はない。

そんな社会人Mさんに私からアドバイス。

ここは「あ、じゃあ後で先生に渡しておきますね」というのが正解。一気に空気が氷解する。

逆に「あ、じゃあ君、はい」と言って、たまたま近くにいた学生Nさんに渡すのはできれば避けたほうがいい。Nさんはもちろん受け取るだろう。この時点でバターサンド爆弾はMからNへ引き渡される。

問題は爆弾を引き継いだ学生Nさんだ。彼/彼女はあくまで仮預かりしたに過ぎないという自己暗示のもと、多くの場合はそのまま先生に渡そうとするだろう。ただし、「先生、Mさんが来て、これを預かりました」

「そうなんだ。でもこっちに持ってきても仕方ないじゃん。皆で食べたらいい」

と返されるのがオチだ。これはまずい。バタサン爆弾爆発の時は近い。場合によっては、やむなくゼミ室の机の上に放置したまま賞味期限を迎えることだって十分あり得る(ちなみに僕はバターサンドが大好きです。念のため)。

このエピソードのポイントは「今の若者はなるべく自分で決めたくない」という点にある。特に、他人が介在するような意思決定は避けたい。後で何と言われるかが怖いのだ(実際に言われることはないのだけど)。

本書では、ここまで何度も「いい子症候群」という言葉が出てきたが、その特徴をしっかりと説明してこなかったので改めて説明したい。

僕は、2022年3月に『先生、どうか皆の前でほめないで下さい:いい子症候群の若者たち』(東洋経済新報社)という本の中で、様々なエピソードやデータと共にいい子症候群について解説した。要約すると特徴は次の通りだ。

「いい子症候群の若者たち」の行動特性（その1）

- 素直でまじめ
- 一対一の受け答えはしっかりしている
- 一見さわやかで若者らしさがある
- 協調性がある
- 人の話をよく聞く
- 言われた仕事はきっちりこなす

こういった行動特性から、世間ではよく、最近の若者のことを「素直でいい子」「まじめでいい子」と評する。そのような姿勢から「今年の新入社員は優秀だ」と春から夏にかけて噂されることも、もはや毎年の恒例行事のようだ。

ただし、彼らは同時に次のような行動特性も併せ持つ。

「いい子症候群の若者たち」の行動特性（その2）

- 自分の意見は言わない、質問もしない

- 絶対「先頭」には立たず、必ず誰かの後に続こうとする
- 学校や職場では横並びが基本
- 授業や会議では後方で気配を消し、集団と化す
- 場を乱さないために演技する
- 悪い報告はギリギリまでしない

こういった極めて消極的な姿勢を伴うことから、「素直でまじめ」なのにもかかわらず、「何を考えているのかわからない」「自らの意志を感じない」といった不可解な印象を与える。

「いい子症候群の若者」と「消極的な若者」の違い

次の点は「いい子症候群」の大きな特徴なので、改めて強調しておきたい。

昔から消極的で主体性のない若者というのは存在した。彼らと「いい子症候群」とは何が違うのか。

それはキャラのわかりやすさだ。

かつての消極的な若者は「行動特性（その1）」のような振る舞いはあまりしなかった。一見しておとなしく、コミュ力が乏しいだろうことがすぐにわかった。

しかし今の「いい子症候群」は違う。一見、若者らしい前向きさがある。協調性があり、（表面的な）意欲も見せる。

年配者はこれに騙される。そしてこう言う。「今年の新人は優秀だ」。

それではなぜ、今の若者はそんなわかりにくい行動を取るのか。その内面にはどんな心理が隠されているのか。それを端的に表すと次のようになる。

「いい子症候群の若者たち」の心理特性

- 目立ちたくない、100人のうちの1人でいたい
- 変なことを言って浮いたらどうしようといつも考える
- 人前でほめられることが「圧」
- 横並びでいたい、差をつけないでほしい
- 自分で決めたくない（皆で決めたい）
- 自分に対する人の気持ちや感情が怖い

●自分の能力に自信がない

例えば、大学の講義で「何か質問はありますか？」と問いかけても、今の大学生からまず返答はない。自分だけが反応すると目立ってしまうからだ。

もしあなたが講義中に、一人の学生をほめようものなら、後で「皆の前でほめないで下さい」と言われることすらある。彼らは基本的に自己肯定感が低く、自分に自信がないため、人前でほめられることには「圧」を感じる。

集団の中でほめられると、自分に対する他者からの評価が上がり、期待されたり何かを任されたりするのではないかと思ってしまう。自己肯定感が低い若者にとって、これは恐怖でしかない。

この「人前でほめられる」という行為に対する若者の評価を、僕の友人でもある長田麻衣（おさだまい）さんたちが実際にアンケートで集計してくれた。

結果は図表8－1の通り。サンプル集団は、首都圏在住の18歳から26歳の社会人男女411人で、約6割の若者が「大勢の前ではほめられたくない」と回答している。

首都圏限定というところにサンプルバイアスが生じているが、逆に言えば、直感的にいい子症候群気質が低そうな首都圏の若者でさえ、人前でほめられたいと思う若者

図表８－１　「あなたは大勢の前でほめられたいですか」という問いに対する回答結果

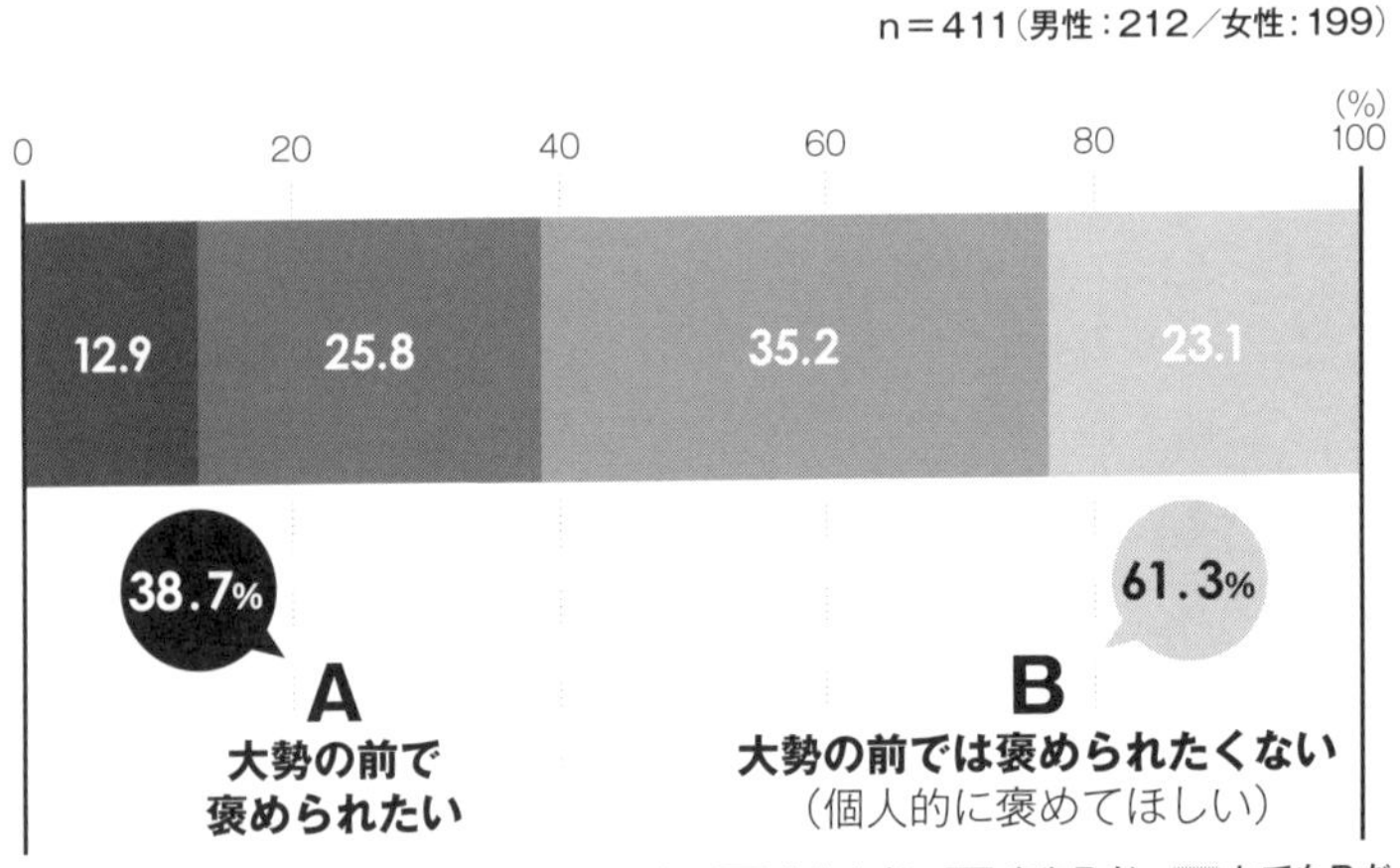

SHIBUYA109エンタテイメント「Z世代の仕事に関する意識調査」より

は４割弱しかいないということがわかる。

このような現在の若者たちの特徴を前に、一部の人は「これは非常に大きな問題ですね」、「どのように解決すべきでしょうか」と僕に言う。

拙著の出版以来、取材を受ける際のインタビュアーも、ほぼ必ずこの質問をする。

しかし、僕自身は、若者たちの「いい子症候群化」を問題だと考えたことはないし、そのように伝わってしまわないよう注意を払いながら話している。

いい子症候群は、あくまで現在

の若者のうち半数程度に見られる心理的特徴であり、そのこと自体に良いも悪いもない。彼ら個人からすれば、自己の幸福の追求のために取っている行動にすぎない。「いい子症候群化」は社会現象であって、決して「日本社会の課題」といった表現は適さない。

あえて言うなら、これは現在の若者たちの「自己防衛反応」ではないかと考える。

「唯一無二の量産型」という自己矛盾

いい子症候群の若者たちの話をすると、よくこう質問される。

「それって若者だけではなく、日本人全体に言えることでは?」

その通りだ。

ただし、過去の若者よりもわかりにくくなっていることがポイントだ。

以前の若者の気質は、もっとわかりやすかった。何らかの形で、表面に現れていた。陰キャ/陽キャの区別はもちろんのこと、趣味や、その他プライベートなライフスタイルまで、なんとなくだが、予想できた。

予想ができる分、若手社員たちのマネジメントは楽だった。「彼女はこっちの部署が合いそう」、「彼はこの仕事が合うかも」といった風に。

それに、予想が外れたときは、「えー！　そうだったの？」と言える空気も（当時は）あった。

それが、今は違う。みんな爽やかで、みんなコミュ力高め。

表面的に観測できる水準（レベル）は、明らかに上がっている。

良く言えば、人材としての質的向上だ。企業、特に人事部の人たちがこぞって「最近の若者はみんな優秀」という根拠がこれだ。

悪く言えば、量産化が進行している。量産化といっても、いわゆる雑魚キャラではない。

「あなたは他の誰でもない、唯一無二の存在ですよ」、「あなたの経験や体験は、あなただけではなく、この国にとっても貴重なものなのですよ」と、ちゃんと教えられてきた世代だ。

ここが重要なポイントだと思うので、しっかり主張しておきたい。

僕のこれまでの見立てでは、現在の若者の多くは「量産型」であり「唯一無二の存在」だ。矛盾する2つの概念を組み合わせて生きるのは、今の若者のお家芸だ。

周りと同じではいけない、個としての貴重な体験こそが君を唯一無二の存在にする、と教わり続け、事実、就職活動でも「隣の人と君との違いは何か」、「隣の人ではなく君を採用する理由は何か」を問われ続ける。

それでもなお、他人と違う自分に自信が持てない。平均値付近にいることの安心感、安定感は手放せない。

その矛盾を内包するように得たスタイルが「量産型」兼「唯一無二の存在」だ。唯一、無二の存在という、ラ、ベ、ル、を、貼、っ、た、量、産、型、と言うべきか。

今の若者は、とても難しい役割を演じている。

その象徴的な例が、企業との最初の接点であるインターンシップに凝縮されている。

「スタンプラリー化」する就活インターンシップ

インターンシップはここ数年で急速に普及した。しかし、「本当に効果があるのか?」と疑問に思う人も少なくない。

以前、「インターンシップは『スタンプラリー』」、といったテーマでWEB記事を書いたところ、多くの反響があった。

「マイナビ2024年卒大学生インターンシップ・就職活動準備実態調査」によると、

2024年3月卒業予定となる大学生や大学院生約1,800名のうち、2022年10月の時点でインターンシップに参加した学生は87・6％と報告されていた。

1人当たりの平均参加率も参加回数は5・7回で、コロナ禍でやや踊り場を迎えた感があったが、再び参加率も参加回数も上昇に転じている。

これだけ多くの学生が多数のインターンシップに参加するとなると、受け入れる企業側もさぞ大変だろう。インターンシップは、日本語に訳せば仕事体験。そう簡単に大量の学生を相手にできるわけがない。

と、思いきや、そうでもない。

同調査によると、インターンシップに参加したかったのに参加できなかった、という学生はわずか5・7％しかいなかった。

この5・7％の学生が不参加となった理由は、選考に落ちたり、抽選に外れたりしたからだが、それにしても、ざっくり50万人の就活生が、平均5回以上のインターンシップをこなすとは、一体どういう仕組みがなせる技なのか。

参加したインターンシップの期間（長さ）を見てみると、半日が最多で74・4％、次いで1日が67・1％となっている。

また、その参加形式は「ウェブのみ」が32・2%、「どちらかというとウェブが多かった」が38・6%だ。これらを合わせると70・8%。

要するに、半日あるいは1日で終わるウェブ中心の仕事体験。これが今のインターンシップの主力というわけだ。

まさにスタンプラリー的仕事体験の様相を呈する。

ちなみに、「インターンシップに参加して、自分自身に変化があったと感じられる点は？」という問いに対し、58・1%でトップとなったのが「自分に合う仕事・合わない仕事など、職業適性がわかった」とのこと。

「半日あるいは1日で終わり、ウェブ中心」という、実に充実した職業体験で、自分に合う・合わないが判断できて何よりだ。

知りたいのは職場が「いい感じの雰囲気」かどうか

一方で、インターンシップを通じて「知りたかったことを知ることができたか」となると、71・5%が「できなかった」と答えたと、株式会社学生就業支援センターの「23卒夏期インターンシップ参加学生追跡調査」は報告している。

こちらの調査結果の方が、より素直な意見が表出した結果のように思われる。

その「知りたかったのに知ることができなかったこと」としては、「職場の雰囲気」が35・1％で最も多くなっている。さらに、その「職場の雰囲気」が「良いと感じた場面」については、「社員同士が仲良く話しているとき」とのことだ。

これについては、僕が日常的に学生と接している中でも、頻繁に耳にする。「昨日のインターンシップはどうだった？」と質問した際の返答で、最多のパターンがこの「雰囲気評価」だ。

「社員同士が仲良く話しているかどうか」は、ウェブ形式のインターンシップでも十分に伝わるようだ。画面越しに社員同士が仲良く、笑い交じりで会話しているのを見て、学生たちは「昨日の会社はいい感じの雰囲気でした！」と僕に報告してくれる。

具体的には？　と聞いたところ、「上司の人が、画面越しにおにぎりを食べてるんですよ。で、それを部下の人が『部長、ちょっと何食べてるんですか！』って突っ込んでたんです（笑）」とのこと。

あ、そう。

しかし、インターンシップで知りたいことが「良い雰囲気の職場」かどうかで本当にいいのか。インターンシップって何のためにやるものだっけ。と、そんな疑問を抱かずにはいられない。

他方、右記のマイナビ調査によると、企業側にとってのインターンシップの課題は「学生のエントリー数が少ない」ことが最多となっている。そして、そのための対策として「学生がリラックスできる雰囲気づくり」が大きく票を伸ばしている。

つまり、企業側も「雰囲気評価」されていることをよく理解しているということか。「雰囲気重視の仕事体験」傾向は、しばらく続くことになりそうだ……。

みんなが5回行くから、自分も5回

いろいろな意味で頭が混乱してきたので、ちょっと整理しよう。

ここ数年、インターンシップ参加数は顕著に増加傾向にある。特に大学3年生は、ほぼ全員が参加している状態だ。

その回数は平均5〜6回。その多くはワンデーだ。

ここで1つ、データにはないことが気になって、僕の方で少しだけ調査した。

気になったこととは、「なぜ5回なの?」という点。

結果、ほぼすべての回答が次の2点に集約される。

「周りがだいたいそのくらいだから」と、「夏休みの長さとかバイトの関係で、そのくらいがちょうどいいから」。

ちょっと待て、と思う。

本来のインターンシップの目的は、自分の適性を見極めるためとか、自分の能力を伸ばす、あるいは自らの力を試すためにあるはず。

であれば、参加回数もその文脈で語られるべきなのに、誰もそんなことは言わない。例えば、「コミュニケーション力に不安があったので、あえて営業系の5つに絞った」とか、「2つの職種で迷っているので、それぞれ3つチョイスした」とか、そんな理由があってもおかしくないのに。

だが実際のインターンシップは、もはや学生たちにとっての義務であり、ルーチンであると同時に、「早期選考から漏れたら終わる」がゆえのノルマであり、必須のスタンプラリーのようなものと化している。

同級生の多くが5回行くというから、自分も5回。うち1回は長期にしておいた方がいいというから、自分も1回は1週間以上のものを選ぶ。

個人のために設計されたインターンシップなのに、あっという間にベルトコンベアーの様相を呈する。まさに、唯一無二の存在を目指す量産型大学生にピッタリというべきか。

人材募集を「量」から「質」へ

すでにダダ洩れ状態で恐縮だが、ご推察の通り、僕は現在のインターンシップのやり方には極めて批判的な立場だ。

回数だけの問題ではない。

その目的は「いい雰囲気かどうか」が重視され、企業側も学生集めのため「リラックスできる雰囲気作り」に努める。

その内容にも問題は多い。一言で言えば、「キラキラ・ワクワク演出」&「お客様扱い」がすごい。ちょっとでも楽しんでもらおう、満足してもらおうという意図で企画され、実際に学生たちは「あー、楽しかったねー」と言いながら帰路につく。

仕事体験を通して、本当の企業の姿を知る。

学生と接し、学生ならではの目線を通して、自分たちの仕事のあり方を見直す。

という目的はどこへ行った?

企業人事部の皆さん、本当にこれでいいのですか?

そんなに数を集めることが大事ですか？

そんなに満足度アンケートの結果が気になりますか？

皆さんも「何かおかしい」と思いながらやってますよね？

本質を突こうとする以上、文字通り誤解を恐れず、僕も自分の考えをはっきり言いたい。

もうマス狙いのプログラムは意味がないと僕は思う。必要ないとはもちろん言わない。

ただ、どこもかしこも若手人材大募集の今、演出バトルはレッドオーシャン化の一途を辿っている。いまや、このバトルに行政や学校、警察、病院などの公的機関も参入する合戦ぶりだ。


そこで発想を、「量」から「質」へ転換することを提案する。

最低限のマス向けの魅力発信はもちろん大事だ。正確な情報をしっかり公表することもとても大事。よってそれらを継続しつつ、より時間を使って考えるべきは、どうやったらたった1人の共感を得られるか。どうやったら、たった1人の本命と出会えるか。

これを考えてみませんか。

そのときあなたが問われるのは、広報戦略や演出プログラムのスキルではなく、次の質問だ。

あなたは、今の仕事が好きですか？

あなたは、どれほど今の仕事が好きか語れますか？　語っていますか？


学生のみんなにも。

その就職活動は、本当に将来のためになっていますか？

そんなに「サービス」してくれる企業がいいですか？

若手不足の今、企業は大なり小なり「演出」しているだろうこと、薄々わかっているのではないですか？

僕だって、第一印象として、ニコニコ優しくしてくれる人たちの方へ行きたくなる気持ちはよくわかる。でも、それだけではダメなこと、わかっているよね。

そろそろ目を覚まそう。

これはサークルのメンバー募集とは違うのだ。

包み隠さず見せようとする企業こそ、あなたがちゃんと向き合うべき企業だと、僕は思う。キラキラ満載のエンタメ系インターンシップなんて、最低ランクの評価をつけてしまえばいい。

就職活動こそ一期一会だ。どうか、人との出会いを大切に。

表面的な出会いなど、無視してしまえ。エンタメはもうほかの手段で十分足りている。演出された場で得られるものは何もないことを、あなたはもうわかっている。

表面的ではない出会いほど、あなた自身が問われる。

大切な出会いほど、自分に向き合わされる。その時間を大切にしてほしい。

第9章

今の若者にとって「理想の上司」とは？

問：若手から直属の上司に関する相談を受けたことがある

筆者「１０１ヒアリング：人事担当者編」より

N＝39

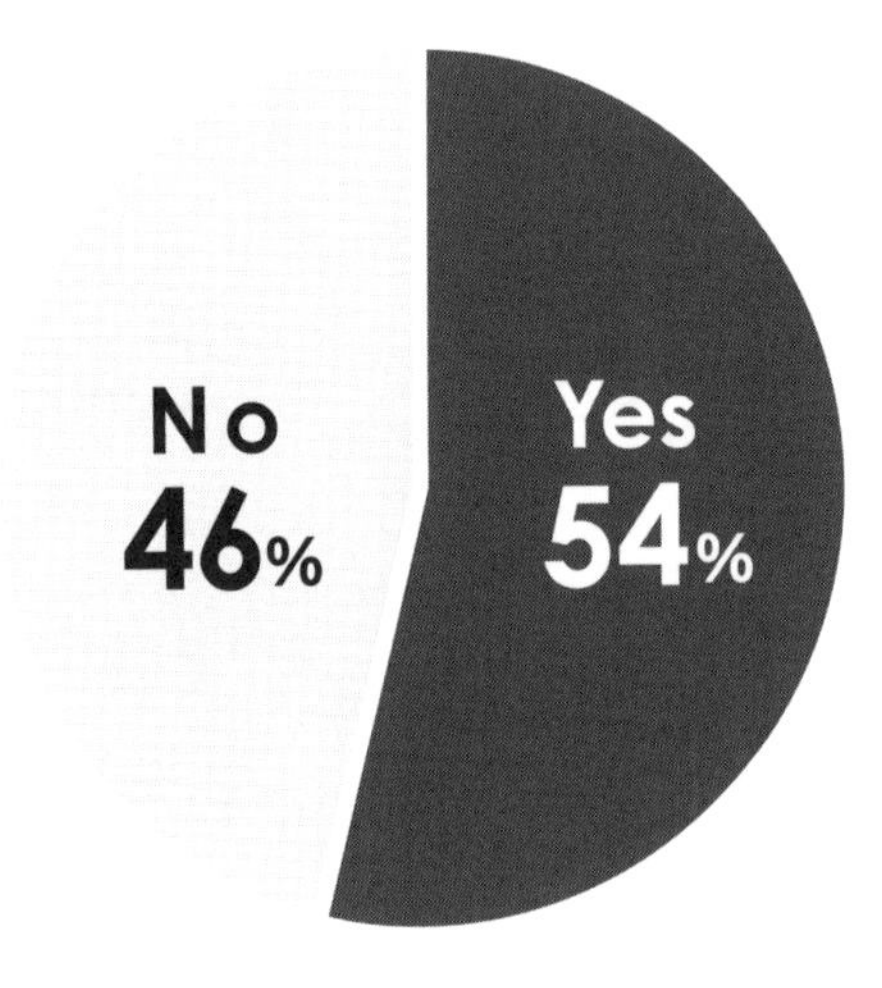

20代に人気なのは「具体的な助言をくれる上司」

本章では、「部下が上司に期待していること」をテーマにしよう。

このテーマについては、多くの調査会社がデータを取得、公表している。よって、本編もデータリッチに進めてみよう。そこへ僕の解釈を乗せて展開していく。ぜひ読者の皆さんもいろいろな解釈を巡らせながら読み進めてほしい。

まずは、コロナ前のデータから。図表9－1は、エン・ジャパンが2019年に実施した上司と部下に関する意識調査の結果だ。同社が運用する「エン転職」というサービスを利用するユーザー11，000人強を対象としている。

同調査の結果でよく話題になるのは、「芸能人で例える理想の上司」だ。所ジョージさんや天海祐希（あまみゆうき）さんらがよく上位に名を連ねる。同調査は毎年行われているので、その変遷を追うだけでも、時代ごとにどんな上司像が理想とされているかがわかる。

ただこの「芸能人で例える理想の上司」に関する分析は、やりつくされた感があるので（それをあえて金間目線でやってほしいという人も増えていて、それはそれでありがたいことだが）、ここでは別の角度から、「上司に期待していることは何ですか？」という

図表9－1 上司に期待していること（複数回答可）

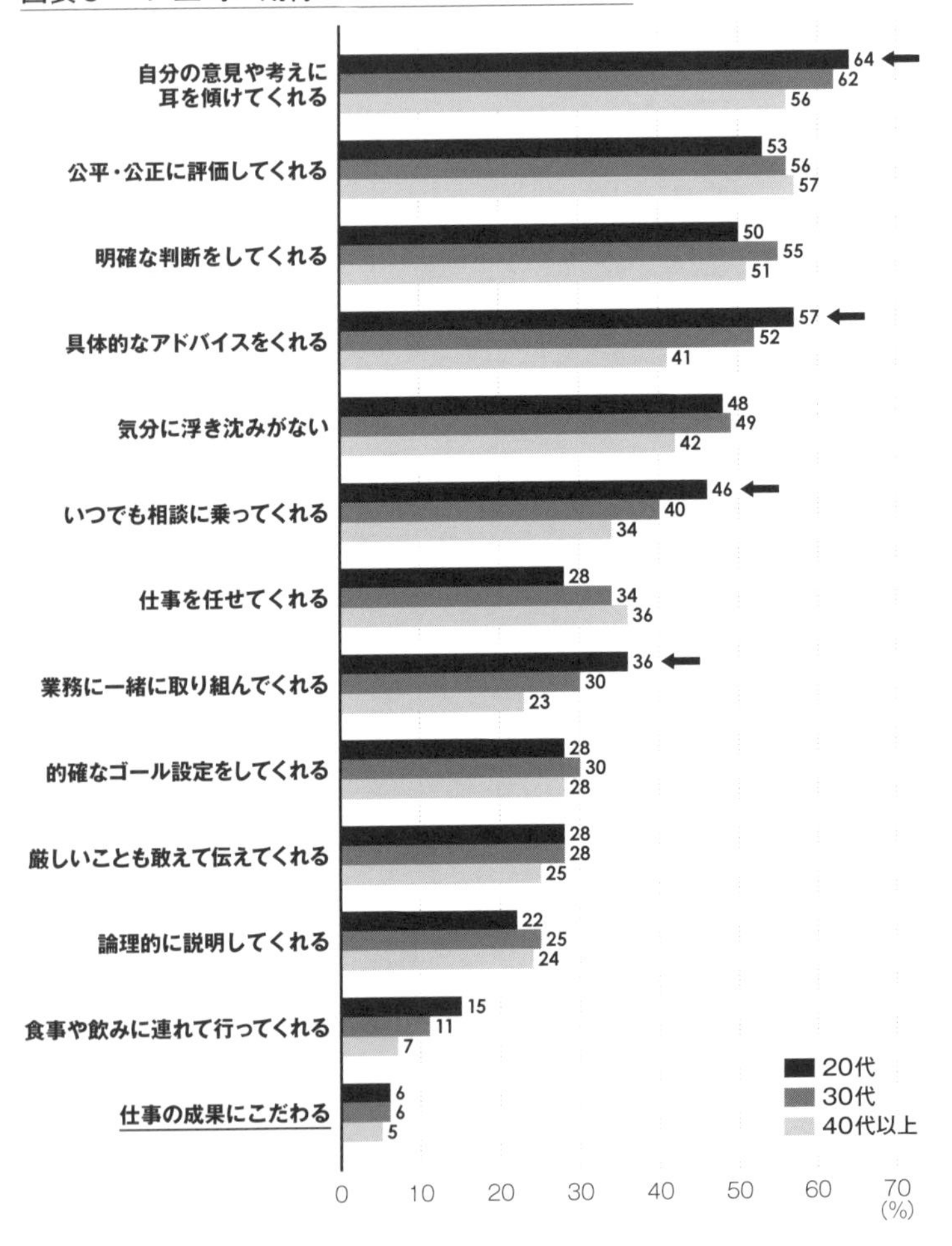

エン・ジャパン「1万人が回答！『上司と部下』意識調査」より

質問を取り上げよう。

このデータは、年代ごとに区切って公表している点が興味深い。そこで年代ごとのポイント差が大きいところに矢印を置いた。

図の最上位、20代から40代以上を通して票が集まっているのが、「自分の意見や考えに耳を傾けてくれる」上司だ。特に20代の支持者が多い。

興味深いのはここからで、20代で次に多いのが「具体的なアドバイスをくれる」上司となる。これは、30代では第４位、40代では第5位だ。同様に「いつでも相談に乗ってくれる」、「業務に一緒に取り組んでくれる」が20代では人気で、上の世代と大きな差がついている。

逆に「公平・公正に評価してくれる」、「仕事を任せてくれる」は40代で比較的順位が高い。

「仕事の成果にこだわる」上司は不人気

ただし、その「仕事を任せてくれる」を含め、「的確なゴール設定をしてくれる」、「厳しいことも敢えて伝えてくれる」、「論理的に説明してくれる」など、仕事のパフォーマンスや成果に直結しそうな項目ほど、仕事を覚えた30代、40代以上に人気かと思えば、そうでもない。これらの項目よりも「具体的なアドバイスをくれる」、「気分に浮き沈みがない」といった項目の方が上だ。

成果に直結、という意味では、その言葉通り「仕事の成果にこだわる」という項目があるが、なんとこれが全世代で最下位だ。全体で100人に6人しかこれを選択していない(複数回答可という設定なのにもかかわらず!)。

このデータには「いい子症候群」を分析している僕も、とても驚いた。「そもそも成果にこだわらない仕事って何なんだ?」「それって仕事の意味あるのか?」と思ってしまう。しかしこれが現実だ。今の日本では、仕事の成果にこだわる上司こそ最も歓迎されないタイプ、となる。

念押しで恐縮だが、この傾向は世代を問うていない。通常、成果にこだわらなければならない立場といえばリーダーだが、今の若者は出世どころか係長にすらなりたがらない。僕の調査でも「最もつきたくない役割はリーダー」だった。

リーダーになれば成果を意識せざるを得ず、それは同時に、最も歓迎されない存在となる。何をするにも周りの目を気にする日本人にとって、そんな役割は絶対やりたくない。

それでもリーダーが必要というなら、その心理的負荷に見合うだけのインセンティブを付与しているかどうかが問題となる。が、今の日本で、そんな充実したインセンティブを用意している組織をそう見たことがない。

その実態を踏まえ、僕は今の日本社会を次のように揶揄（やゆ）している。

- じっとしている方が得
- 「できないふり」「忙しいふり」の演技バトル
- 「やらない」を選ぶ方が合理的／やった者負け・言った者負け
- ゼロメリット社会

このような状況について、太田肇（おおたはじめ）氏は『何もしないほうが得な日本』（PHP新書）にまとめていて、実に興味深い（もう全くその通り）。

部下のために動いてくれる上司・先輩が急上昇

今の若者にとっての理想の上司像とは何か。引き続き別のデータから解きほぐしていこう。

次のデータ源は、日本能率協会の「2022年度 新入社員意識調査」だ。このデータの最大の特徴は、やはり新入社員対象ということだろう。

その中から、「あなたが理想的だと思うのはどのような上司や先輩ですか」(上位3つ選択)の集計結果を図表9―2に示す。

この図の興味深いところは、経年変化があることだ。ここ10年間、そのときの新入社員がどのように感じていたかが見て取れる。

まず目に飛び込んでくるのは、どの時代においても「仕事について丁寧な指導をする上司・先輩」が1位ということ。しかもこの10年で、その割合はおよそ20ポイントも増加している。2022年に至っては、10人のうち7人がこれを理想とする状態だ。このようなトレンドが、僕が「現在の若者こそ指示待ち傾向が顕著」と主張する一因だ。

このほか、10ポイント以上の顕著な変化を示している項目に矢印をつけた。「仕事について丁寧な……」ともう1つ、急上昇しているのが「部下の意見・要望に対し、動いてくれる」だ。ご覧の通り、ほぼ倍増している。

何と言うか、これを論じだすと、一問着(ひともんちゃく)ありそうだ(だから今、このまま筆を進めるか、ちょっと迷ってます……)。

図表9－2 理想的だと思う上司や先輩(上位3つ選択)

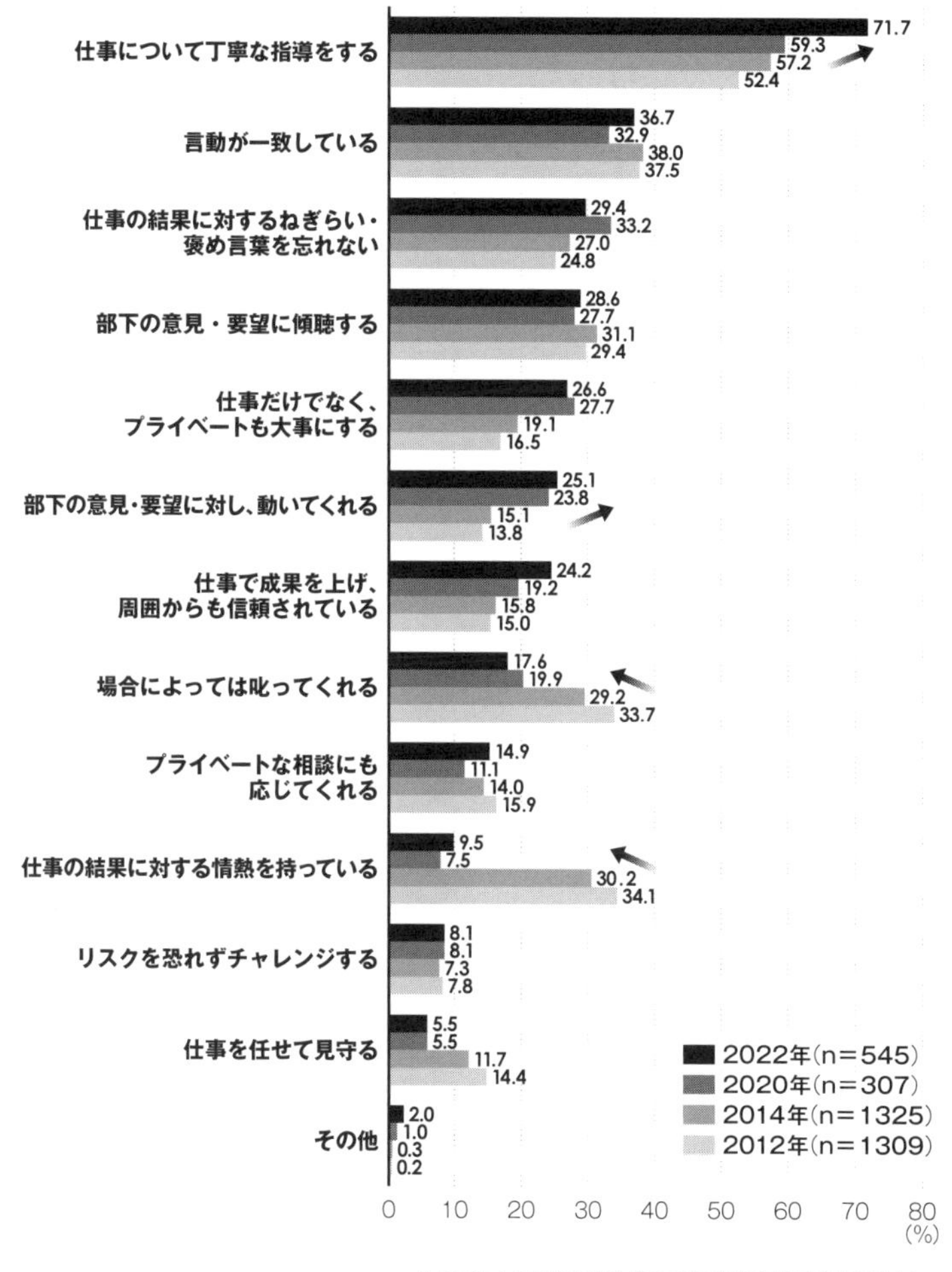

一般社団法人日本能率協会「2022年度 新入社員意識調査」より

「動いてくれる」って。「聞いてくれる」ならまだしも……。

ちなみに「聞いてくれる上司・先輩」は、「動いてくれる上司・先輩」の2項目上にちゃんと存在している。こちらは10年間で微減の傾向にあって、もはや「動いてくれる」が逆転しそうだ。

もう間もなく、上司や先輩は、聞くだけではなく、動かなければ部下の期待に応えられない時代となるかもしれない。

「仕事の結果に情熱を持つ上司」には憧れない!?

さて、(何とか)気を取り直して、逆に減少トレンドの項目も見てみよう。

この10年で減少した筆頭格として、「場合によっては叱ってくれる」がある。10年でおよそ半減している。

この点だけでも興味深いが、さらに急降下しているのが「仕事の結果に対する情熱を持っている」だ。この項目、2012年には上から数えて3番目の支持を集めていたのだ。それが2022年には10番目。いったい何が起こっているのか。

この結果、図表9−1の「仕事の成果にこだわる」が最下位だったことにも通ずるところがある。上司が仕事の結果に熱意を持つことが、なぜそれほどまでに現在の若者に敬遠されるのか。

その解釈を助けるキーワードは「意識高い系（あっち系）」「圧」「安定」にある。

ご存じの通り、意識高く活動する人たちのことを「あっち側の人たち」などと表現し、距離を取る傾向が以前からあった。彼らは自分たちとは違う世界の人たちであり、そんな人を上司や先輩に持つと、おのずと自分にも「圧」がかかる。それは「安定」した職場とは真逆に位置し、警戒すべき対象となる。

もう1つ、ぜひ注目してほしいポイントは、最下位となった「仕事を任せて見守る」だ。もともとの支持率が低いので大きな変化には見えないが、２０２０年以降では、これを理想の上司・先輩とする新人社員は１００人に５人のみだ。

「丁寧な指導をする」上司の支持率が約70％、「任せて見守る」上司は約5％。もう「とにかく任せて、あとは口出しせず」なんていう職人気質的な上司は、絶滅危惧種なのかもしれない（正確には危惧されていないので、単純に絶滅種と言うべきか）。

その他、些細ではあるが、「褒め」の言葉が入る「仕事の結果に対するねぎらい・褒め言葉を忘れない」は、徐々に上昇していたが、直近の２０２２年では一転して低下傾向にあるのも興味深いところだ。

「友だちのように接する上司」を目指していませんか？

次はSHIBUYA109エンタテイメント「Z世代の仕事に関する意識調査」のデータを見てみよう（図表9－3）。

質問自体はこれまでと変わらずシンプル。若手社員に対し理想の上司像を尋ねるもので、興味深いのは選択肢の方だ。よくぞ聞いてくれました、という選択肢が並ぶ。ツートップは、もうこれまで見てきた通りだ。「分かりやすい言葉で説明してくれる」、「丁寧に教えてくれる」となる。

「リーダーシップがある」や「尊敬できる」が真ん中の方にあるが、調査結果を見る前にこの選択肢を見たら、「こんなストレートな選択肢があったら全員が選択する」と言っていたかもしれない（だって、尊敬できる、って最強だと思いませんか）。

さらに下位のほうに目を転じると、「友達のように接してくれる」や「食事に頻繁に誘ってくれる」がある。今このデータを見て、ドキッとした人、多いんじゃないでしょうか。

図表9－3 あなたにとっての理想の上司とは？（複数回答）

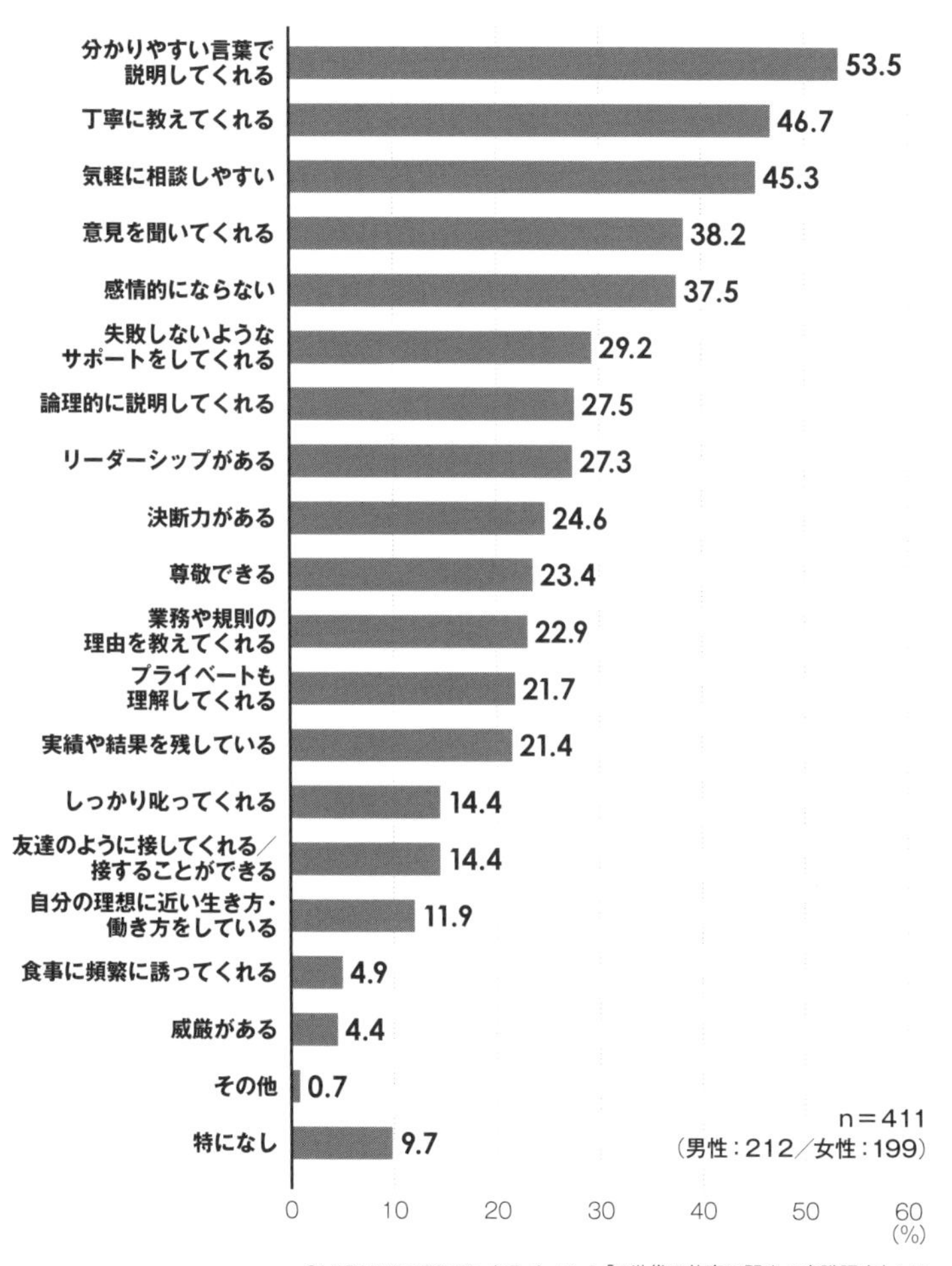

SHIBUYA109エンタテイメント「Z世代の仕事に関する意識調査」より

さて、以上をまとめると、もう今の新入社員にとっての「理想の上司・先輩像」には結論が出ている。それは、

①仕事について丁寧に教えてくれて
②若者の意見や要望に対し（聞いてくれるだけではなく）自ら動いてくれて
③いかなる場合でも叱るなんてとんでもなく
④仕事の結果に決して情熱など持たず
⑤仕事を振っておいて見守るだけなんてあり得ない
⑥ついでに、友だち感覚で「ご飯行こう」とかはなしで

といったところか……（あくまでも、僕が言っていることではなく、データが言っていることです）。

第10章

テンプレート化する社内新人研修

問：社内研修に対し「形骸化している」と感じることがある

筆者「１０１ヒアリング：人事担当者編」より

N＝38

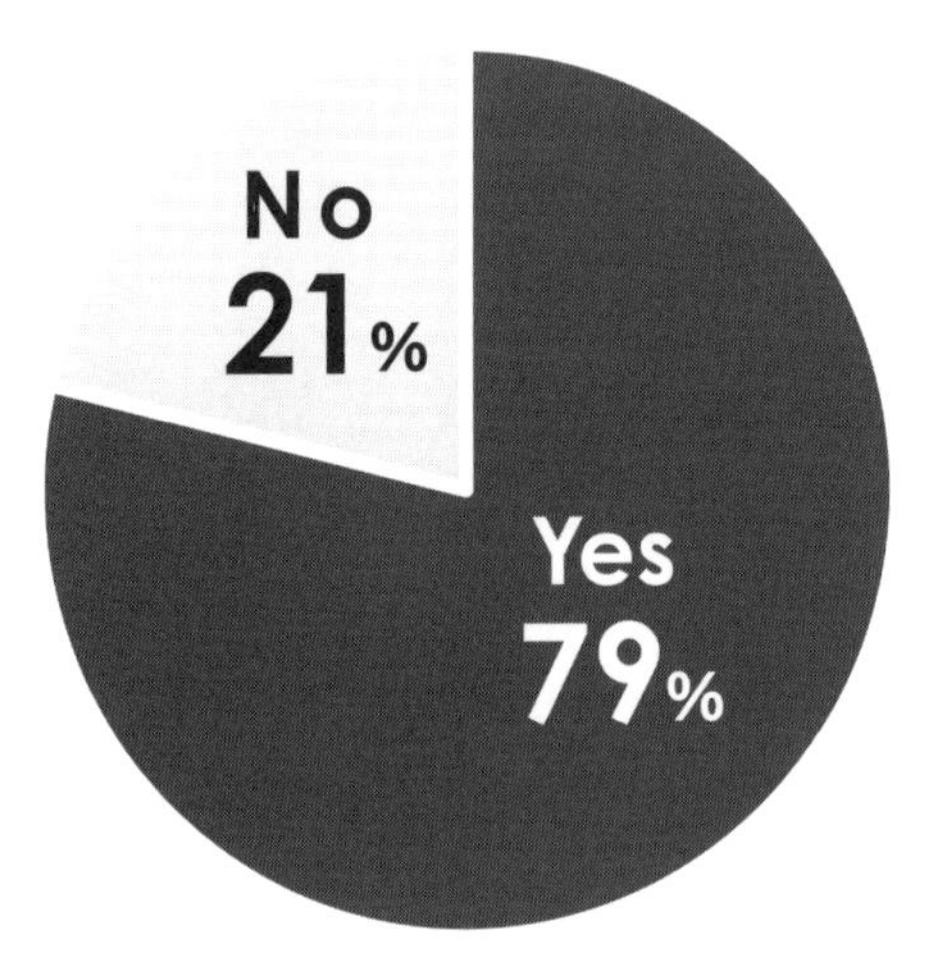

全年齢を対象とした社外研修の「ある狙い」

社内研修が活発に行われている。

大企業では、全社一律で実施しているもの、部署ごとに異なるもの、手上げ制（自主参加）による少数を対象としたものなど、多様な研修機会が提供されていることと思う。

このうち、全社一律のパターンでは、年齢や役職ごとに区分されていることが多い。新人研修や部長級研修などがそうだ。逆に手上げ制では、その辺はもう少しざっくりしていて、例えば「45歳以下対象」といった感じになる。

いずれの研修にも、僕はそれなりに関わらせてもらっているが、近年で特に興味を持ったのは「部署内の全年齢層を対象とした社外研修」だった。すべての年齢の人を均一に扱い、しかも内容が結構重たい。これが大変興味深かったので、半日張り付いてデータも取らせてもらった。

対象となった部署は技術開発部門。研究者や開発者が主に所属している。

重たいというその内容はこうだ。

普段、研究開発を主務としている社員たちが外に出て、直接、市井（しせい）の人の声を聞いて、新規の事業開発のヒントを得る、というもの。最低ヒアリング人数は8人で、グループヒアリングの場合は1グループで1人とカウントする。所要時間は4時間で、翌日、調査結果を踏まえた企画提案をする。これを、グループではなく、単独で行う。

最後の単独としたところは、ある程度僕からの提案を汲んでもらった形だ。

というのも、同部署では以前から「年齢をミックスした研修でグループワークを行うと、年齢に応じた役割が固定化してしまい、挑戦的な研修にならない」ということを課題としており、そこへ些細な進言をさせてもらった次第だ(僕は以前から、研修をやるならまずは単独で、という考えを持っています。今のトレンドとは逆行しているかもしれないけど)。

この研修に僕が興味を持ったのは、とにかく全年齢を対象としたところだ。

実際、年配層の人には、かなり抵抗がある研修内容ではないだろうか。市井の8人に話しかけてこいなんて、考えただけで気が重くなる人もいそうだ。

逆に若手層にとっては、そんなに珍しいものではないかもしれない。

ここに、この研修の1つの狙いがある。一般に若手対象と思われるような内容を、あえて全年齢層に課すのだ。そうすることで、年齢に関係なく学びと挑戦を支援しようという意図が働く。

一部の年配者が抵抗を感じているとしたら、まさにここ。「身をもって学ぶ」とは、元来甘くないものだ。

結果はどうだったか？　それはまた後ほど。

予定調和な「研修のための研修」

多くの組織では、こういった研修はグループワークとして行われているように思う。特に多年齢階層を対象とした場合はそうで、世代をまたいだコミュニケーションの醸成も、研修の目的の1つとなる。

ただ、本当に「顔見知りになる」程度を狙いとするなら、それでもいいと思うが、真の学びを得ようと思うなら、この程度の取り組みでは不十分だ。

それは、事前に予測されたような、テンプレート的な対話が延々となされるからだ。最も頻出するテンプレのパターンはこうだ。

①研修開始の号令後、まず若手が静かになり、年配者が口を開く。そして少しだけ状況を整理するような発言をした後、若手に質問する。「〇〇さんはどう思います

か？」

②若手はその質問に対し、当たり障りのない、無難でよくできた回答をする。
③年配者はその回答に対し、頷き、肯定する。そして足りなかった視点を補足する。
④若手は「なるほど学びを得ました」と言わんばかりに納得して見せる。

　この研修に対し、弱めの批判をするとこうだ。

「確かにコミュニケーションを取ることで、お互い顔見知り程度にはなったと思いますが、依然として、双方が困ったときに助け合うなどの関係性が構築できたかどうかは怪しいのでは？」

　中程度の批判をすると、こんな感じになる。

「その研修は、かけたコストに見合う成果を得たと思いますか？　確かに若手は知らない知識を1つ得たかもしれませんが、それ以外の成果は何でしょうか？」

　最大級の批判をするなら、こうだ。

「結局、若手は若手の、年配者は年配者の役割を演じただけですよね？　研修という業務のフレームワークに則（のっと）って与えられた役割による演技。若手は、若手らしい姿勢を貫くことで、年配者の満足感が上がることを知っているし、双方与えられた役割を演じることで、研修というプログラムを平和に終えることができましたね」

無事に終わることを目的とする「トライ&サクセス型研修」

今ここで、こういったテンプレート的な対話に陥りがちな研修を「トライ&サクセス型研修」と呼ぶことにしよう。

このパターンの研修の最大の目的は、研修というイベントを、トラブルなく、炎上させず、無事にこなすこと。

よって、誰も失敗しない。誰もストレスを感じない。誰にも大きな学びはなく、翌日以降も何も変わらない。

「101ヒアリング」では、大多数の人が、研修そのものが形骸化していることを認めている。

彼ら彼女らいわく、そもそも正しい知識を伝えることが目的の研修であれば、問題はないようだ。業界に特化した法改正が行われたときなどが該当するという。受講者に強いモチベーションがあるわけではないが、そもそもそれを問題視する必要もない。

ただし、ごく一部の人事担当者は、そういった知識伝達型の研修にすら、疑問を抱いている。業界に特化した法改正も、まさにその疑問の対象となる。

法改正の内容そのものは、もちろんしっかり伝えていく必要はある。が、研修のスタイルとして、

「法律がこう改正されました」

「承知しました。特に質問はありません」

というやり取りがなされる状態をゴールとしていることに対する疑問だ。

本来的に、企業を取り巻く法改正は、脅威であり、機会でもあるはずだ。ただ、研修では、基本的に「脅威に対する対処法」を周知することに終始する傾向にある。

もちろんその必要性を疑うものではない。一部の人事担当者の疑問とは、その周知・伝達をスタートラインとして、「どう機会を掴むか」という議論も盛り込むべきではないか、というものだ。

本書をお読みの多くの皆さんは、「もっともだ」と思っているだろう。と、同時に、「実行するのはなかなか大変だ」ということも。

その意味で、研修担当者は本当に悩ましい。

実際に研修形式でこれを実行することを考えると、プログラムに対する不透明感は一気に高まる。どのようにプログラムを組めばスムーズに進行するかわからないし、

そもそもスムーズに進行させるべきかどうかの判断さえつかない。

受講者の不満も高まるだろうし、研修担当者は批判の的になるかもしれない。

仮に担当者はそれでもいいと思っても、上司や周りの人に迷惑をかけることはできない。

それにカオスな状態になることも想定されることから、そうなった場合の対処法を事前に織り込んだ説明をしなければ、きっとこの企画は上の会議を通らない。

うん、やめておいた方が無難だ。いつも通り、前例踏襲でいこう——。

こんな風に多くの葛藤を抱えながらも、予定調和な「研修のための研修」が積み重ねられていくことになる。

真の学びを狙いとする「トライ&エラー型研修」

ここで、本章冒頭の「研究開発者によるヒアリング研修」に話を戻そう。

ここでの問題意識は、こういった負荷をかけるような（挑戦的な）実習型の研修をセットしたとしても、グループワークに落とし込んでしまうと、結局テンプレート的なやり取りに終始してしまうこと、特にこのパターンの研修では、若手に心的負荷（ストレスのかかるタスク）が集中することだった。

本プログラムのように、市井の人の声を聞く、といった実習では、ことさら若手に「やらせてみよう」という空気になる傾向にある。

研究開発者がマーケティング・リサーチをする。しかも、扱うのは定量化されたデータではなく、生身の人間。そこから発せられる定性データを自ら取得し、分析し、企画に落とし込む。

これは聞くからに難易度が高い。ベテラン勢でも、そうそう簡単にはいかないだろう。街の人の声を聞くなんて、ストレスも溜まる。まさに「トライ&エラー型」の研修だ。

この研修担当者は、だからこそ学びも多いと考えた。研究開発者の使命は、いかにイノベーションの種を植え、育てるかにある。その過程で、どれだけストレスがかかり、失敗するか計り知れない。そのリスクを、人事の立場としてもシェアするべき。そういう使命感だ。

僕もその考えを尊重し、一緒に考えさせてもらう機会を頂戴した。

そこで、参加者の皆さんにお願いしたのが、単独での実行だった。

負荷の高い研修でも成果を上げるベテランたち

さて、僕が参与させてもらった回の結果報告をしよう。

プロセスとしては、4時間の中で20人以上の声を拾ってきた人もいたし、結局3人しかヒアリングできなかった人もいた。

この研修で強く印象に残ったのは、翌日の企画提案だった。

明らかに年配者の方が、企画のクオリティが高かったからだ。

まず、データのとり方が素晴らしかった。

ヒアリングやインタビューというのは、想像以上に高度なスキルを要する（学生たちには何度もこのことを伝えている）。限られた時間の中で、適切な質問をすることの難しさは、やったことがある人でなければ決してわからない。まさに実習型研修向きの素材と言える。

そんな中、ベテラン勢の方が、シンプルだが的確な質問をヒアリングの前に用意していた。

取得した質的データの活用方法も、年配者の方が優れているケースが多かった。

この辺の分析は、ベテラン勢でも経験したことはなかったのではないだろうか。研究開発者といえども、自然科学と社会科学のデータ分析方法は異なるし、定性データならなおさらだ。

ただ彼らは、これまでに完成した企画を見ている数が違う。そして、完成しなかった企画を見ている数はもっと違う。事後的に話を聞いた限り、定性データの抽出やその加工には、その辺りのノウハウを活用した様子が窺えた。

なぜ、こういったことが起こるのか。

その理由については、拙著『イノベーションの動機づけ――アントレプレナーシップとチャレンジ精神の源』（丸善出版）でも少し解説している。僕自身、年配者の能力についても研究を進めていて、論文[1]も発表しているので参照されたい（ここで解説を始めると、ヒートアップして500ページくらい書いてしまいそう）。

一言で言えば、経験の「結晶化」だ。一部の年配者は、過去の経験を自分なりの方法で蓄積していて、どんなときにどう引き出せばいいかを知っている。単純な記憶力や情報処理能力などは加齢とともに低下するが、この結晶化を怠らない限り、社会的に有用な創造性を発揮する場面で、若年者に劣ることはない。そんなところだ。

もちろん年配者でも、うまくできなかった人はたくさんいた。きっとプライドが傷ついたことだろう。

この研修プログラムの、もう1つのポイントはここだ。

いい子症候群気質の強い若者は、失敗することが怖い（特に、やっちゃったと思われることが怖い）。

だから、なるべく失敗しそうな状況そのものを回避する（失敗回避動機とか拒否回避欲求と言います）。

結果、チャレンジすることも少なくなる（若者を巡る競争的な環境は、これからもどんどん縮小していくと思います）。

でも、若者は堂々と挑戦して失敗した人を、決して残念な人とは思わない。むしろ、すごいと尊敬する傾向にある。

僕はここに一筋の光を感じている。

人事部が抱える「新入社員研修の葛藤」

これは、ある中堅メーカーの人事部門に所属する20代の女性社員にインタビューした結果だ。丸々掲載すると誰だかバレしてしまう可能性もあるので、少しだけ僕の方

1 金間大介（2021）「年齢と創造性の関係：企業における『アイデアボックス』を活用した実証分析」『日本知財学会誌』Vol．17 No.3 66〜76

でアレンジしている。
やや長いが、人事担当者はぜひ読んでほしい。大きく2つのパートに分けてお送りする。1つ目は、新入社員研修についてのインタビューだ。問うたのは主に次の4問である。

Q1：今どのような研修を行っていますか？

最近は、より体験型の研修を増やしている状態です。
今年は外部講師を呼んで、2日間のチームビルディング体験の研修を実施しました。内容は、ある課題が与えられたときに、どんなチーム作りをすると効果的か、その際に直面する課題はどんなことがあるか、という点について、実感を伴って学べるものです。

Q2：新入社員はどんな様子ですか？

とにかく与えられた課題に対してちゃんと取り組む、といった感じです。この場合はチームビルディング研修でしたが、どの研修でも意図をちゃんと理解して取り組んでいました。研修担当者としては、そんな様子が見られて、まずはよかったと思いました。とにかくホッとしました。

Q3：課題は何だと思いますか？

　これは、もう新入社員に限らないように思っていますが、特に若手は自らを枠にはめようとする傾向が強いように思っていて、研修という枠に対してもそうです。会社がこういう意図でやっているので、それに沿うようにアウトプットを出そうとする、という印象です。

　そのおかげで私はホッとするのですが……、その一方で、担当者としてはその枠を壊したいとも思うんです。

　思うのですが、いざとなると、どうアプローチしていいかがわからない。とにかく距離を縮めようとはしていますが、私自身がそれ以上の行動をできているかというと怪しいです。

　思いっきり枠を壊したい、リスクを取って、一旦彼らを崖から突き落とすような研修があってもいいのではないか、という気持ちはあるのですが、他方で、それはやるべきでない、やってしまったら彼らは辞めちゃうかも、という想いとの葛藤がありますね。

その意味では、私自身もいい子症候群の部分は過分にあって、一緒に作られた新人研修を演じている感じなんです。やることが決まっていて、ゴールも決まっていて、それに向かってみんなで満足する感じ。それを共有する感じ。

Q4：どんな研修をやってみたいですか？

今の新入社員には、もう少し自分自身を見つめ、考えて、知る場があってもいいのに、って思う。少しケガをするくらいの研修とか。もっと同期とガチンコで競争したりとか。そんな、彼らの可能性を広げるような場があってもいいと思う。今のプログラムは、あらかじめ終わり方が決まっている印象なので。

1on1は先輩社員のためにある

続いて、1on1についても質問した。主に次の3問だ。

Q1：御社では1on1を実施していますか？

全社的には人事考課のため年に4回実施しています。実施者は部課長が中心で、かなり前からやっていますが、オフィシャルとしてはそれだけです。

その後、徐々にメンター制度を採り入れ始めています。メンター制度に対する社員の評価は、部門による、という感じでしょうか。営業や企画、開発などではうまく採り入れてくれているように思います（だったらいいな、という担当者バイアスが入っていたらすみません）。

よりモノづくりに近い、生産部門はやや否定的ですね。毎日やることがあるのに、なぜわざわざ時間を割いてそんなことをするのか、というのが第一声で、「追加業務」として受け取られていますね。

最初は、仕事の性質上、生産部門の人には、そもそもメンター制度は不要なのかも、と思いました。ただ、そこは少しだけ勇気を持って、「もし意義ややり方がつかめないようでしたら、私も一緒に入ります」ってお願いして、なるべく同席させてもらうようにしました（もはや1on1ではないですね（笑））。

Q2：成果は見られますか？

これを成果と言えるかどうかですが……。ただ私が入ってから、少しずつ機能するようになりました。若手側も語ってくれることが多くなって、一部の先輩たちもその意義を理解してくれました。「なんだ、お前そんなこと考えてたのか。もっと早く言ってよ」なんて言ったりして。

具体例としては、4年目の先輩と新入社員の例があります。この4年目の人は、もともと特に目立つようなタイプではなかったのですが、コロナの業務停滞で明らかにモチベーションを下げてしまっていました。

そんな中、1on1でついた新入社員の子が色々と質問してくれたんです。業務量とテレワークのバランスはどう思うか、在宅中にやった方がいいことはあるか、出社しても黙食で退屈なので外に食べに出ていいか、とか。

要はそんな新入社員の姿勢を見て、徐々にその先輩もモチベーションを取り戻した感じでした。

私も何度か同席してたんですが、その先輩が質問に答えるとき、ちょっとだけ楽しそうだったんですよね。質問に途中まで答えて、「いや、ちょっと待って。やっぱ違うわ。言い直す。〇〇さん(↑私のこと)、この時間、ちょっと延長していいですか?」とか訊いてきたりして(笑)。

Q3：1on1全体を通して思うところはありますか？

自分自身、苦労はしましたが、良い学びと共有ができたと思います。

1on1やメンター制度の目的は、若手や新入社員のフォローだというのは理解しています。ただ、結果的に「1on1は先輩社員のためにある」という点も大きいと思う。

若手の学びが、先輩や上司の学びを広げる。それが先輩や上司の可能性をさらに広げていると思うんです。

自らの「いい子症候群化」に悩む人たち

この人事担当者は、僕の著書を読んだ上で、「自分はいい子症候群と意識高い系の中間だと思う」と言っていた。

例えば、大学生時代は遅刻することもなく、ちゃんと学校に行って、教室の後ろの方に座っていたが、そんな自分があまり好きではなかった、と。

でも、今さら自己実現を目指す（ように見える）人たちに混ざるのは抵抗があるし、緊張もする。

自分ひとりで何かを始めるなんて、もっと抵抗がある。

そんな当時の自分から見ると、今のちゃんとした会社で、ちゃんとした上司の下で、ちゃんとした人事の仕事をすることに対しては、それなりの合格点をあげてもいい。

と、同時に、そんな状況を変えたい気持ちは強い。

まさに教室の後方に座っていた自分に対する違和感と同じだ。今の自分ってどうなんだ、と。

でも、いざ仕事の時間になると、リスクを考える。そしてそれをきれいに取り除く。

ここまでの流れに対して、激しく同意している人事担当者はたくさんいるんじゃないかと、僕は思っている。

これは、別の研修担当者が101ヒアリングの中で言っていたことだが、自分たちが提供する新入社員研修は、新人たちに「言い訳」を与えているのかもしれない、と言う。

「この先も、ここでやった通りにやれば、仮に物事がうまく進まなかったとしても、あなたのせいにはならないですよ」

そんな言い訳だ。

では、ケガをさせるような研修が本当にできるのか。

同期の前で「不正解」を示してしまう恥ずかしさはよくわかる。

その経験が若手を成長させる、ということも、やはりわかる。

でも、自分だったらその恥ずかしさには、きっと堪えられない。ちゃんと「正解」して、ちゃんと次の人にパスしたい。別に、自分のことを特別優秀だとかは思ってない。でも、「ちょっとだけ残念な人」と思われることは、絶対に嫌だ――。

そう思うと、結局ケガをさせるような研修を企画することはできず、予定調和の「トライ&サクセス型研修」に落ち着いてしまう。

皆さんは、この人事担当者にどうアドバイスしますか？

第3部

提案：これからも若者たちと共に前へ進むために

第1部では、
「1on1」の実態や「1on1」に対する若手の本音について、
第2部では、
職場で働く若者の心理や行動原理を明らかにしてきた。
本書を締めくくる第3部では、
第1部と第2部を受け、
管理職やメンターといった上司はどうしていくべきか、
具体策を検討していく。
絶対解は存在しないという大前提を置いた上で、
お互いが理解を深め、
楽しみながら寄り添える現場をどう作っていったらいいのか、
読者の皆さんと共に考えていきたい。

第11章

上司・先輩のための「フィードバック入門」

「悪い人がひとりも出てこない」ドラマのよう

ここまで、第9章では、手取り足取り教えてもらったり、自ら率先して動いてくれる上司を理想とする若者たちの姿を描きつつ、第8章や第10章では、それと呼応するように、至れり尽くせりのインターンシップや新人研修の様子が浮き彫りになった。また、筆者の101ヒアリングでは、本来であれば主体性を育んでもらう場所であるはずのインターンシップや研修の場において、責任ある社の一員であるがゆえに、そして自らも臆病でリスクを回避してしまう性格であるがゆえに、既定路線に沿った円満ゴールありきの運営をしてしまう自分に葛藤する人事部職員の姿が見て取れた。

他方、究極のしてもらい上手とも思える姿勢を貫く若者たちを、「悪」と断ずることができないということも明らかになってきた。

第5章や第6章では、自分ではどうすることもできず、やむを得ず退職代行サービスを利用する若手社員や、少しでも周りから遅れをとるような状況になると不安を覚え、成長につながる(と思える)環境を提供してくれない会社に見切りをつける、といった行動を解説した。

職場を教育サービス機関と誤解しているかのような認識と振る舞いを見せる若者たちだが、その裏には、自分に自信が持てないがゆえに、目立つことも、こぼれ落ちることもないよう、演技とコミュニケーション力を駆使して合理的に自己を守ろうとする姿がそこにあった。

こう整理すると、まるで「悪い人がひとりも出てこない」今どきのドラマを見せられているかのようだ。

悪い人がひとりも出てこないのに、なぜか皮肉的悲劇が連鎖する。

この悲劇を、システム的に解決するのは容易ではない。

でも、僕は諦めたくない。

経営者、教育者、研究者、政策立案者、そして日本で働く全ての皆さま、どうか力を貸して下さい。諦めず、検討を続けていきたいと思っています。

ただ、その役割は本書ではない。

本書のスタンスは、徹底的に現場に寄り添うことだ。

今、現場でできることだってたくさんあるはずだ。むしろ、現場だからこそできることがある。

以降では、上司や先輩世代の皆さんに今、考えてほしいことを、僕なりの視点で2つの章にまとめてみた。

上司や先輩が何よりも優先して鍛えるべきスキル

本書では、全体を通して何度も「フィードバック」という言葉が登場する。

以下、メッセージを明確にすることを優先に、誤解を恐れず、はっきり述べよう。

日々のコミュニケーション全般を通して、上司や先輩が何よりも優先して鍛えるべきスキル、それがフィードバックだ。

1on1でも、日常業務の中でも、あらゆるシーンでフィードバックは重要な位置づけにある。

まずはデータから。

図表11－1は、一般社団法人日本能率協会「2022年度 新入社員意識調査」を元に作成したもので、「(自分たちの)意欲や能力を高めるために、上司や人事へ期待することは何ですか」という設問に対し、部下にあたる人たちが回答した結果だ。

複数項目の中から、上位3つを選択する方式で、横軸に回答者全体の割合(%)を

図表11－1　部下が意欲や能力を高めるために上司や人事へ期待すること（上位3つ選択）

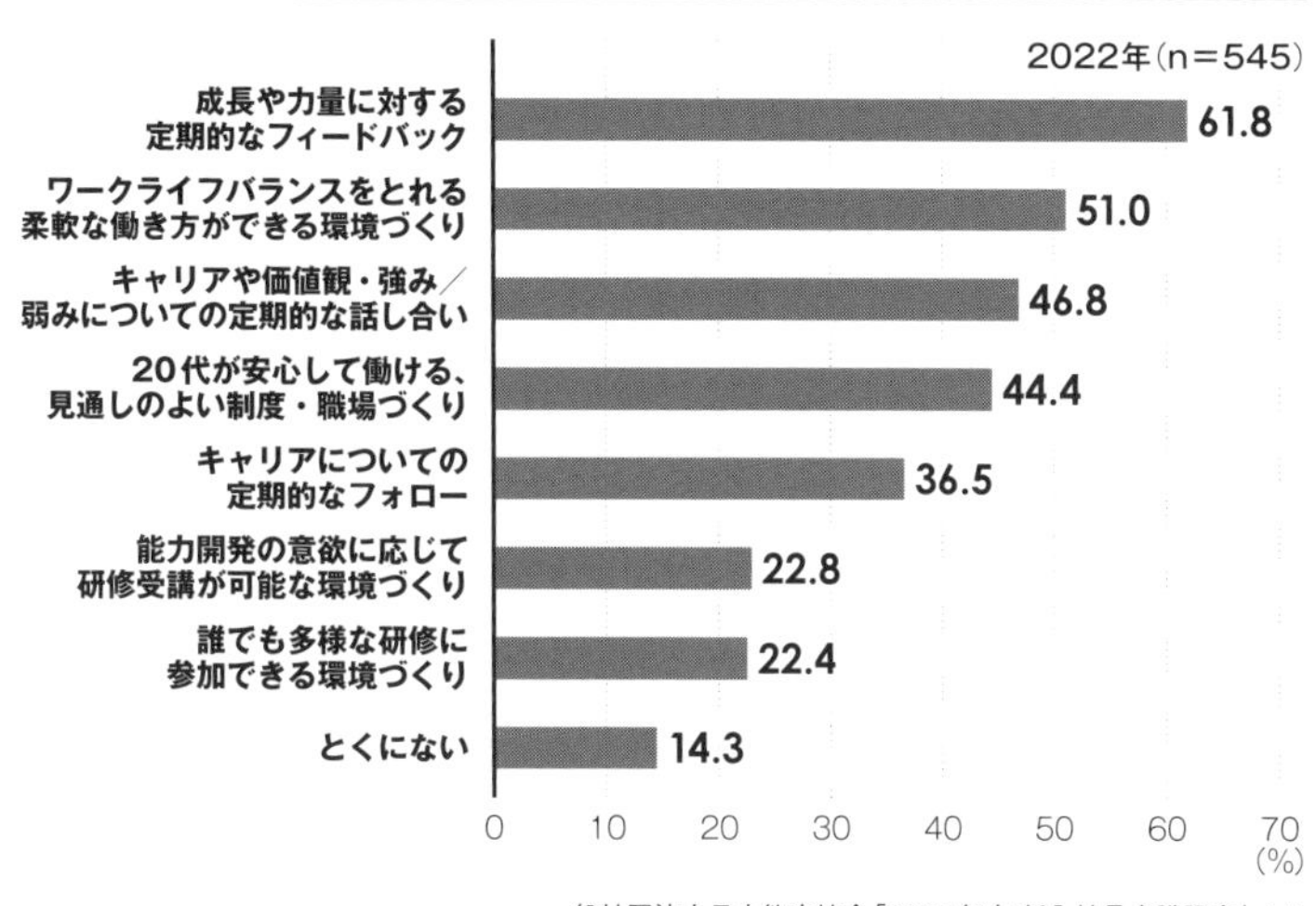

一般社団法人日本能率協会「2022年度 新入社員意識調査」より

とっている。

結果はご覧の通り、「成果や力量に対する定期的なフィードバック」が断トツの1位にあがる。「ワークライフバランス」や、「キャリア形成」や、「安心な職場」も大事だが、それらを10ポイント以上抑えて、「定期的なフィードバック」がトップに来る。

この結果は、若手人材の研究をしている僕にとってもしっくりくる。いい設問と回答結果だと思う。「ワークライフバランス」や「キャリア形成」、さらに下位項目に該当する「能力開発」や「多様な研修」などは、すべて先輩世代が作ったものだからだ。

そういった、若者にとってある意味で押し付けがましい(あるいは、おせっかいな)概念よりも、「意欲や能力を高めるため」と問われれば、「定期的なフィードバックでしょ」という新入社員の回答は、絶対に記憶に留めてほしい。

日本能率協会のこの設問が秀逸だと思うのは、選択肢を単なる「業務上のフィードバック」ではなく、「成果や力量に対する定期的なフィードバック」としたことだ。

ちなみに、フィードバックに関する素晴らしい書籍はたくさんある。おすすめは中原淳著『フィードバック入門　耳の痛いことを伝えて部下と職場を立て直す技術』(PHPビジネス新書)だ。社内コミュニケーションや社会人のラーニング・プロセスを巡る学術的視点を踏まえた上で、実践でも即通用する提案が含まれている。

以降では、金間なりのアナロジーと理論的視座を交えてお送りしたい。

フィードバックの理想は、「ゲーム」と「万歩計」

フィードバックの理想形はゲームだと思う。

ゲームにはいろいろな種類があるが、やはりコンピュータ・ゲームは最強だ。したがって、現代における最強のフィードバックの使い手は、ゲーム・クリエイターたちではないかと、本気で思っている。

ゲームにはいくつかのタイプがあって、好きなゲームのタイプによってモチベーションのタイプも推測できるというのが僕の持論だ。

例えば、僕は「ドラクエ」が好きだ。というか、ドラクエで育った。身体の3分の1はドラクエでできている(残りの3分の2はガンダムと水泳です)。

当時のグラフィックや音響などは、2023年現在のゲームに比べればお粗末なものだった。それでも、ものすごい数の人たちが夢中になった。つまり、画質や音質などは、ゲームの本質を決める決定要因にはならないということだ。

人はなぜ、そこまでゲームに夢中になるのだろうか?

ゲームをやらない人のために、もう1つフィードバックの理想形を提示しよう。それは万歩計だ。

僕の理解はシンプルだ。万歩計を持つだけで、単なる散歩にアクセントが生まれる。万歩計を持つと、歩行距離や所要時間がわかる。ただそれだけ。

にもかかわらず、もう少し遠くへ行ってみよう、もっと早く歩いてみよう、という風に、歩くことのモチベーションが一段上がる。

歩数を数えてくれる、というたったそれだけのことなのに、なぜ歩く意識に変化が生じるのか。散歩するという行為自体に、歩数のカウントは必要ない。なのになぜ、スマホのアプリとして成立するのか。

類似例をあげるなら、フィットネスジムにあるランニングマシンも同様だ。走行距離や速度計があるマシンとないマシンなら、多くの人は前者を選択する。それはなぜか。その答えも、やはりフィードバックにある。

なお、万歩計は歩くモチベーションをあげると同時に、景色を楽しむ余裕をほんの少し奪う、という見解がある。この点は、実は結構大事なので、別途論じる。

フィードバックの理論的補強(フロー編)

ミハイ・チクセントミハイという心理学者をご存じだろうか。

一見、野比のび太を想起させるような名前だが、素晴らしいといった言葉では形容できないほどの知の巨人のひとりだ。僕も含めて、多くの研究者が彼の研究結果やプロセスをお手本の1つとしている(残念ながら2021年に亡くなりました)。

チクセントミハイは、人が究極的に集中力を発揮する状態を調べ上げ、その状態を「フロー」と名付けた。そして、フロー状態に没入する条件として、明確かつ瞬時のフィードバックの存在を挙げている。

先の問い――人はなぜゲームに夢中になるのか――の答えも、このフローで説明できる。ゲームの画面には、様々なバロメーターが表示されており、自分の操作に対し視覚、聴覚らの情報として瞬時にフィードバックを返してくれるからだ。

「現代における最強のフィードバックの使い手は、ゲーム・クリエイターたちじゃないか」と先に述べたが、もはや僕の目には、彼らが作っているのはゲームではなく、優れたフィードバック・システムに他ならないように映る。

ゲームに限らず、周りの環境が自分の動作に対して即座にフィードバックを返してくれるとき、人はその世界に入り込むことができる。そうして周辺の環境と一体感を持ち、それらをコントロールできていると感じたとき、人は強い有能感を感じる。

逆にそれを壊す要因として、単調な行為が連続することによる「退屈」や、周囲の環境やものごとに対しコントロールを失ってしまうという「心配」がある。退屈も心配も、極めて日常的な用語だが、ここはあえて「　」でくくる。重要な専門用語だ。

皆さんも思い当たることがたくさんあるのではないだろうか。「心配」の方は特に。

自分ではどうしようもないと感じることに対する、過度で過多な心配の存在により、全く集中できなくなるような状態だ。

「フローは、行為者をその活動に完全に没入させてしまう働きがあり、その瞬間、その活動は絶えず挑戦を提供する」（ミハイ・チクセントミハイ『楽しみの社会学』今村浩明訳、新思索社、P．65より）。

フローを説明する秀逸の一文だ。

つまり、人がチャレンジを楽しむことができないのも、フィードバックが足りてないと考えることができまいか。

仕事も勉強も、正確なフィードバックを返すことができれば、もっと楽しむことができるのではないか。

この概念は「ゲーミフィケーション」と呼ばれ、多くの人が興味を持ち研究が進められている領域だ。意欲的に研究している人がたくさんいるが、社会的に広く普及させるには、まだ少しパワーが足りない印象だ。

ゲームこそ、世界が認める日本のお家芸。レーシング・シミュレーターすらゲームにしてしまう国だ。ゲーム・クリエイターの皆さん（そしてその卵の皆さん）、何とかなりませんか？

皆さんのフィードバックに関するスキルとアイデアで、勉強も、仕事も、ゲームに変えてくれませんか？

日本の平日を休日に。休日は休日のままに。何とかなりませんか。

フィードバックの理論的補強（内的報酬編）

人が人に行動を起こさせる、あるいは行動を変えさせようとするとき、外的報酬はとても便利だ。現在の社会は、金銭、評価、承認などの外的報酬に満ちており、人はこれらの報酬に支配されていると言ってもいい。

勉強や仕事は、基本的に退屈で、できればやりたくないものというのが一般的な理解だ。外的報酬は、これらの行為を半ば強制的に遂行させるための「アメとムチ」として、強力に機能している。

その一方で、興味、好奇心、達成感など、いわゆる内的報酬によって行動を起こすこともある。この動機づけのことを内発的モチベーションといい、心理学者のエドワード・L・デシらの研究によって、ぐんと解像度が上がった。

デシらは内発的モチベーションの研究者として有名だが、外的報酬の研究でも興味深い結果を報告している。それが、外的報酬の「統制的側面」と「情報的側面」という分類だ。

先述した「アメとムチ」は、外的報酬の統制的側面に当たる。他者をコントロールするような機能を持った報酬全般のことで、仮に報酬を与える側にそのような意図はなくても、受け取る側がそれを少しでも察したら統制的側面が作用していると考える。外的報酬に統制的側面を感じると、アンダーマイニング効果と呼ばれる、内発的モチベーションの減少を引き起こす可能性がある。

好きだった勉強に、受験という外的報酬が重なることで、勉強そのものが嫌いになってしまうパターンだ。

一方、情報的側面とは、報酬とともにフィードバックされる情報の方に重きが置かれている状態のことを指す。この場合の報酬は、情報に付随した金銭的報酬や称賛等という意味で、あくまでも付属品的役割に留まる。

ノーベル賞受賞者には高額の賞金が与えられるが、それによって研究が嫌いになったりはしない。むしろ、より一層、研究やその成果に基づいた社会貢献に意欲を燃やす。

つまり、情報的側面が強調されたフィードバックは、内発的モチベーションを高める効果がある。

フィードバックの理論を「社会実装」しよう

以上、ここまでの議論から浮かび上がるメッセージをまとめるとこうだ。

- 自身の意欲や能力を高めるのに部下が上司に求めることは、「成長や力量に対する定期的なフィードバック」
- フィードバックの理想形はゲームにある
- 周りの環境が自分の動作に対して正確にフィードバックを返してくれるとき、人はその世界に入り込むことができる
- 統制的側面を含むフィードバックは、内発的モチベーションを減少させる可能性がある
- 情報的側面が強調されたフィードバックは、内発的モチベーションを高める効果がある

メッセージ自体はクリアで、読者の皆さんにとってもわかりやすいはずだ。問題は、

この理論的メッセージの「社会実装」にある。

現実の社会は極めて複雑であり、理論的知見を応用展開するには、とても多くの課題をクリアしていかなければならない。

そこで、まだ仮説の段階ではあるが、上記の理論的示唆を踏まえた筆者いち推しのフィードバック例をご提案したい。

筆者いち推しのフィードバック例（若手の皆さんは見ないで下さい）

本書を執筆している2023年11月現在において、僕が皆さんにおすすめできる、最もシンプルで、現実に応用できるフィードバックは、次の通りだ。

「さっき会議で出してた資料の頭のところ、私としては読みやすくてすごく良かったと思う。あれ、誰かに教わったの？　それとも自分で考えたの？」

このフレーズの意義を理解し、かつより効果的なものにするために、次の5つの原則を合わせて踏まえてほしい。

①フィードバックはなるべく早く
②フィードバックを返すポイントは具体的に
③褒め要素は「私」を主語とした形に
④ごく簡単な質問で終わる
⑤軽めのフィードバックを頻度高めで

①、②、③、⑤は理論に基づく。特に①については、これまで解説してきた通りだ。フィードバックは可能な限り、即時的な方がいい。

②は「情報的側面」を強調したフィードバックの応用だ。情報的側面と言われても、実際の現場ではどのように応用したらいいか、とても難しいことと思う。

そこで、「情報的」という部分を「具体的」に変換することをおすすめする。

例えば、仮にこの具体性を欠くと、どうなるのか。

「さっきの会議の資料、さすがだねー」で終わってしまうのだ。ここはぜひ、若手の気持ちになって受け取ってみてほしい。そのフィードバックには、かすかだが「おだて」や「期待」等が含まれてしまう。つまり「圧」だ。

「期待圧」を感じるフィードバックを受けると、いい子症候群の若者はほぼ100%の確率で否定する。「いやいやいや、そんなことはないです。やめて下さい」といった感じだ。これを悪い例として記憶していただきたい。

フィードバックは具体的であればあるほど、その内容にフォーカスできる。ストレートに、そのフィードバックを次の機会に活かす、という気持ちになる。

③は、②とは逆に「統制的側面」を打ち消したいための提案だ。

これも、自分を主語にしないパターンを考えてみたら、わかりやすいかもしれない。「私」や「思う」などを除くと、どうしても「そうするのが正しい」といったニュアンスが内包され、高圧的になってしまう。

④は僕のオリジナルだ。先の僕の提案文から、後半の質問文を除いてみてほしい。あるいは、単に「お疲れさま」と締めくくるか。

これだと対話にならない。生まじめな若手であれば、何か返答しなきゃ、という変なプレッシャーをかけてしまう。

フィードバックする際には、ごく簡単で、かつストレスのない対話を心掛けた方がいい。そのための質問文締めだ。

この程度の簡単な質問なら、誰でも返せるだろう。例えば、「そうですね、先輩たちを参考に、少しだけ自分でアレンジして」といった感じのリアクションが返ってくる。

そこで、もう1回だけ対話を入れてみよう。

「そうなんだ。今度参考にさせてもらうわ。ありがと」

こんな一言を、笑わないで（あるいはほんの少しの微笑程度で）返してみよう。そこにはもう、統制的側面は含まれない。

良かったと思ったから良かったと言った。勉強になったからお礼を言った。

それだけ。

そのフィードバックを受けた若手は、「工夫してよかった。また考えてやってみよう」と思い、自分の努力に自信を持つようになる。

効果的なフィードバックの原則は、もう1つだけあった。⑤「軽めのフィードバックを頻度高めで」だ。

言葉通り、なるべく具体的で軽いのを、「数多め・頻度高め」でお願いしたい。

実際、どのくらいの頻度がいいのかというと、僕の提案は、ずばり「2日に1回」だ。

本当は毎日でもいいと思うのだが、さすがにあざといと思われるかもしれない。もう少しはっきり言うと、ちょっと嘘くさくなる。

別に週に1回程度でも構わないと思うのだが、仮に忘れてしまったり、出張などが入ってしまうと、途端に間が空いたように感じられてしまう。

ということで、理想は週に2回程度、最低でも週に1回と覚えておいてもらえればと思う。

終章

上司・先輩世代へ向けた5個の提案

問：若手に求める主体性を、自分は発揮できていると思う

筆者「１０１ヒアリング：人事担当者編」より
N＝38

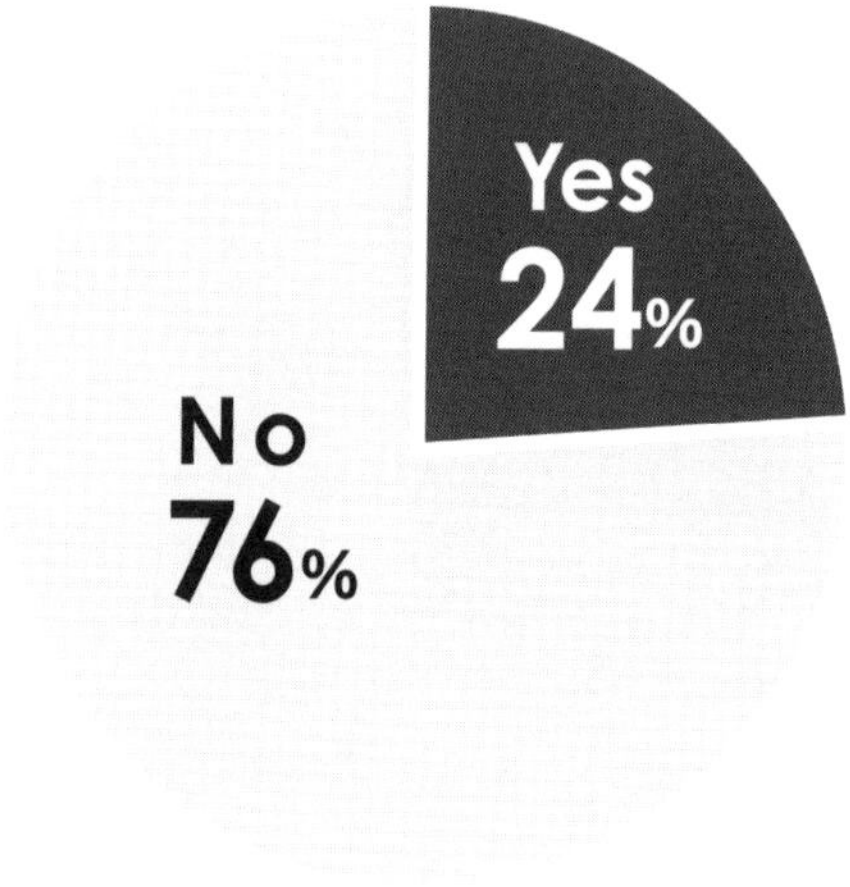

Yes 24%

No 76%

若者が「主体性のあるフリ」をする合理的な理由

突然で恐縮だが、皆さんに質問したい。

あなたは今、ある重要なプレゼンを目前にしているとする。そこへ信頼できる先輩から「今度のプレゼンでは、ロジックよりも熱意が重視されるよ」と助言をもらったとしよう。

さて、あなたはどう対応するだろうか？

実はこの問いに対する回答は、次の4つに集約される。

①熱意のアピールは比較的得意分野なので、自信を持ってやる
②どちらかというと熱意系は苦手だけど、なるべく熱さを意識したプレゼンとなるよう準備する
③熱意のアピールは得意じゃないので、今回は辞退するか、他の人に代わってもらう

④他のプレゼンも比較的熱意は求められる傾向にあるので、これからは熱い人間になるように努力していく

本当は、みんな①だったらいいのだけど、残念ながら①をチョイスできる人は少ない(あなたの周りでも、①タイプは数えるほどしかいないのでは?)。

となると、大勢は②~④に収まる。その中でも、多くの人は②を選択する。つまり、ある程度は評価者の意向に合うように努力するはずだ。

③を選択したい人はそれなりに多いだろうが、できれば選びたくはない、といったところか。不要な軋轢(あつれき)は生みたくない。

④は、ちょっと行き過ぎでは? と感じる人は多いだろう。求められているからといって、急に変わることはできない。少なくとも、そのレベルでのキャラ変なんて、そうそうできることじゃない。

基本的に、今の若者もこれと同じだ。

「ん?」と、思う人のために少し解説をしたい。

今、社会(という名の大人たち)が若者に求めるものと言えば、主体性、自律性、コ

ミュニケーション力だ。

そして、若者たちの間で、これら3要素に自信あり(つまり①)、という人は少数派になる。

かといって、「無理です辞退します」、と表明することはしたくない(つまり③)。これを選ぶと、完全にこぼれ落ちてしまうことになる。周りの皆と一緒にこぼれ落ちるなら大歓迎だろうが、自分だけという状況ではとても選択できない。

本当は④が求められているのだろう。そのことは、大抵の若者は理解している。モチベーション全開で勉強や仕事に打ち込み、上司・同僚・顧客とどんどんコミュニケーションをとって、自ら新しいアイデアや企画を提案するような人材。失敗してもすぐに気を取り直して次のミッションへ邁進(まいしん)するような人材(つまり④)。

若者たちだって自分にそんな風になってほしいんだろうな、ということは容易に想像できる。きっとそれを主体性と呼んでいるんだろう、ということも、想像がついている。

「でも、無理」

これが若者たちの、というより、人としての本音だ。

求められているからといって、急に変わることはできない。少なくとも、そういう人材に自分がなれるとは思えない。

何より、なりたいと思っていない。

とすると、残るは1択だ。消去法による1択。

適度に熱意を持った人材のように振る舞うこと。

適度に主体性を持った人材のように振る舞うこと。

つまり②だ。これが与えられた環境における合理的な帰結になる。

幸い、それなら今の若者たちは対応できる。彼らは学校教育の中で「主体的な学び」を学んできたからだ。

大人の皆さん、先輩の皆さんは、ここではっきり目を覚ましてほしい。

本来的に、「主体性を持とう」と言われて「はい、持ちます」と返答できる人間はいないのだ。主体性は人本来の気質なのだ。

それでもなお、「主体性を発揮せよ」と圧をかけられたらどうするか。

もう主体性を持った人のように振る舞うしかないのだ。あるいは、その圧をかける人と完全に決別するか。

今の日本社会における「若者よ、主体性を持とう」圧こそが、彼らに主体性演技を強いている。

僕から言わせれば、若者たちはかろうじて決別を選択せずにいてくれている。演技することで、円満な世代間コミュニケーションを保ってくれている。

「人の気持ちを誘導する」のは傲慢

モチベーションを研究している人間がこんなことを言うのは矛盾しているように感じられるかもしれないが——。

今の人材育成論の多くは、若者たちの気質、性格、人柄に及んでいる。言動ではなく、むしろその背景にある心理的気質に向かっている。

理由は、彼らの言動が不可解で、理解できず、場合によっては上司や先輩である自分自身あるいは会社にとって、不利益になる可能性があるからだ。だから戸惑う。できれば何とかしたい。

ここまではよくわかる。

問題はここからだ。

いかに彼らの言動が不可解で、理解できず、自分にとって不利益になる可能性があるからといって、彼らの心理を変えようとする行為はよくない。

というか、そんなことをしても意味はない。

自分の利益は決して損なわないようにした上で、接し方を変えてみたり、言い方を変えてみたり、環境を変えてみたり。そうやって若者を誘導しようとしても、意味はないのだ。人の心理的気質はそんなことで変わったりしない。

もう一度言おう。

人材育成という名の下に人の気持ちを誘導しようなんて、ちょっとひどくないか。


では、どうしたらいいのか。

以降で、現時点で僕が考える5個の提案をしていきたい。あくまで仮説の段階だが、少しでも思考のヒントになれば幸いだ。

多くの人が陥る「傾聴」に対する誤解

まずは「傾聴＋共感」から。

これらはすべて、101ヒアリングで学んだことだ。信頼関係を構築できているメンターはみな、すでにやっていることだった（皆さん、本当に素敵なメンターでした）。

若手から信頼されているメンターたちは、1on1の最初に、必ずと言っていいほど共感プロセスを入れていた。

彼らは「そうそう、それね」、「めちゃわかる！」というリアクションを、無意識に（ほぼ素で）している。


「なんだ、そんな簡単なことか」と思った人も多いかもしれない（そうです、そんな簡単なことです）。

ただ、本当にできるようになるのはなかなか大変なので、もう少しお付き合いを。

「共感できない場合はどうしたら？　実際、そういうケースが多いのですが」という人も多い。

そんな人にぜひ覚えておいて欲しいことが1つある。

それは、「傾聴」とは何か、ということ。

1on1に求められるスキルについてはすでに論じたが、「傾聴」は1on1に限らず、多くのコミュニケーションの場面で必要とされる必須アイテムのようなものだ。

ただ、多くの人が、「傾聴」を「ただ黙って聞くこと」と誤解しているところがある。

ここでは改めて「傾聴」＝「積極的かつ能動的に聞くこと」と理解しよう。

そう考えると、「傾聴」も楽ではないということがわかる。

積極的といっても、何でもかんでも盛大にリアクションすればいいという話ではない（基本的に、あざとさはバレると思っておいて下さい）。

聞くという行為は一見して受動的行為なので、能動的に聞く、という態度もどうしたらいいかわからない。

そこでここでは、小さな子どもを相手にするシーンを想像してほしい。おそらくあなたは、（正直、子どもが何を言っているのか意味不明でも）積極的に聞き、（たとえ内容が支離滅裂でも）能動的に聞いてあげているはずだ。

もちろん相手が子どもなら、あざといくらいでちょうどいい。ただ、相手が大人だと、それはちょっと気持ち悪い。みんなそのことを知っているから、中学生かそれ以上の人を相手にするときは、そんなことはしない。

でも、原則は変わらない。

提案①：「傾聴」のススメと3つのポイント

まだわかりにくいと思うので、僕の方で「傾聴」のポイントを次の3つに絞ってお伝えしたい。

それは、①興味を持って楽しむこと、②共感すること、③なるべく素でいること、だ。この3つは並列ではなく、順番も含めての提案となる。

先に再三「積極的かつ能動的に聞く」と言ってきたが、その態度を具現化すると、①興味を持って楽しむ、となる。

具体的に考えてみよう。

例えば1on1で、仕事にあたっての悩みや課題、社会人としての将来像などを共有したいとしよう。目の前の部下や後輩が、どんな考えを持って仕事をしていて、将来どうなりたいのか、といったことを知るのは、上司や先輩としてとても重要なことだし、ともに働く仲間としても関心のあるところだ。

ただ、いきなりそんな話をしようとすると、どうなるか。

最もありがちなリアクションは、抽象的な内容に終始されることだ。

部下としては、なるべく当たり障りのないフワッとした表現にとどめることで、否定や批判のされようがない状態を保てるし、強い印象を残すことも避けられる。

今の若者は、それまでの数えきれない経験から、そうした態度をとることで相手が満足そうに頷くことを知っているし、「普通にまじめで優秀な人」というラベルを維持できることを学んできた。

でも、やはりそれでは1on1の意義は大きく損なわれてしまう。なるべく具体的な話を引き出し、共有したい。ポイントは、とにかく具体的であることだ。

そこで必要になるのが、あなたが興味を持って楽しむこととなる。

例えば、「普段、家に帰ったら何をしているの？」と訊いてみたとする（その際は、まずは自分のことから話すように）。

「いや、普通に料理したり、動画見たりとか」と答えてくれたとする。

ありがたいことに、キーワードを2つも出してくれた。どっちに食いついても構わない。が、せっかくなので、ここは難易度の高い「動画」の方をチョイスしてみよう。

「動画？　どんなのを見てるの？」

「いや、普通にYouTubeとか。VTuber（ブイチューバー）とかが割と好きで」

「ブイチューバー？　何それ、面白いの？　気になるじゃん。ちょっと教えて」

という感じ。いかにも上司側にとって苦手そうな例を出してみたが、さて、あなたにはできるだろうか（この本を読んだからには、もう「できない」は通用しません）。

この本をお読みのあなたが家に帰ったあともブイチューバーに興味を持てるかは、実際のところどうでもいい。

でも、その場では興味を持とう。

これを、ここでは共感力と呼ぶことにする。

「え、ブイチューバーって、ヒカキンとか？」

「それはユーチューバーです(笑)」

と乗ってきてくれたら、あなたとしては助かる。でも多くの若者はそうではない。

そこで、あなたも見てみよう。さっそくスマホを出して。

「ちょっと待って。今見るから……。え、これ？」

「そうです、そうです。それは自分の推しとは違うんですけど……」

ここまでくると、もはや「傾聴」はどこにいった？　というレベルだが、それでいい。

この時間は、あなたが「積極的かつ能動的に聞くこと」を練習するためのものだ。1on1は、上司や先輩のための時間でもある。これは僕の一貫した主張だ。

ただ、これだと②共感すること、は達成できたとしても、③なるべく素でいること、に反するのではないか。素の自分としては、ブイチューバーには1ミリの興味もないのだが……。

その通り。なので、そこは素のリアクションを出してみよう。

「これ、面白いか？（笑）。ＣＧっぽいアニメのキャラクターが飯食ってるだけじゃん」と、まさに素の感想を言ってみよう。

僕の予想では、「いや、それが面白いんですよ。そんなアニメのキャラなのに、話してる内容が普通だったりして笑えるんです」と返してくれる（といいですね）。

ここで、そう思ってないのに「めっちゃ面白いじゃん」と言ってしまうと、後で苦しくなる。それに、さすがに無理に狙っているように見えてしまう。だから、なるべく素でいることが大事になる。

「素の自分語り」が相手の心を開く

変な流れになったので、シーンを一転しよう。大学での個別面談の話だ。

序章で、これまでの僕の大学における個別面談の変遷を書いた。そして今はどうしているか。

個々のケースによって対応は全く異なる。これが大前提。「傾向は分類、対策は個別」は人材育成に対する僕の持論だ。

ただ、多くの経験と分析を経て、変化したことの1つとして、今は素の自分語りが多くなったように思う。

僕は今、どんなことに興味があって、これから何をしたいか、ということをよく学生に話している。未来の展望や目標の話だから、基本的に気持ちよく語ってしまう。もちろん、ルーチンとして必須である大学生活や勉学に対する困りごとについては質問する。ただ、明確な課題や相談がない限り、そこを深く聞くようなことはしていない。

そうすると、少なくとも学生の緊張感は和らぐ。目の前の研究者が、自分の展望について楽しそうに話しているだけだ。学生は気を利かせて、「面白いですね！」とでも言ってあげとこう、くらいに思っているだろう。

場合によっては、本当に面白いと思って、一緒に研究を始める学生もいる。実際、結構たくさんいる。

だから周りの人からは、僕はいつも学生や院生と一緒に何かをしているように見えるみたいだ。まるで陽キャの素敵な先生。閉塞感漂う日本の中で、明るい日差しに照らされるようなキャンパスの光景がそこにある……わけではない。僕は研究者の端くれだ。研究の世界にも人材育成の世界にもゴールは存在しない。1つ課題を解決したら、その先に3つの課題が見つかる。よって、研究と人材育成に従事する僕の人生に「ゴール」は絶対に来ない(絶望的マイライフ)。

陽キャの明るいキャンパス・シーンは魅力的だけど、残念ながら僕は生まれながらの陰キャだ(なんかごめんなさい)。

要するに、あなたは「社会人スイッチ」をオフにできるか、ということを僕は問うている。

提案②:時には熱い想いや努力の必要性を語ってみよう

先述の通り、基本的に今の日本社会では、若者の市場価値は上昇し続けている。「若さの価値」のインフレと言ってもいい状態だ。

そんな中、企業は若者を引きつけるべく、あらゆる手を講じている状況にある。

このうち、最近特に頻繁に耳にする方法は、人間関係の良さのアピールだ。「うちの会社の社員はこんなに仲がいいですよ」、「弊社にはいろいろな行事があって盛り上がっていますす」といったアピールが、対面、オンライン問わずなされる。「内定者懇親会」などはその典型例だ。

もちろん、これらの努力には一定の効果があることは、第8章で述べた通りだ。さらに、人の良さを伝える方法は進化している。例えば、2社から内定をもらっていて、どっちにしようか迷っている学生に対し、企業の人事部はとにかく選んでもらう努力を惜しまない。

とはいえ、とにかくたくさんPRメッセージを送るような、プッシュ系のアピールは今の学生にとって逆効果、ということも、当然人事担当者は学習済みだ。

よって、アピールのスタンスとしては、「どの道を選んだとしても、これから羽ばたこうとするあなたを応援します」、「その上で弊社を選んでくれると嬉しい」という流れが基本路線。当該学生は、「この会社の人はみんないい人だな」と思い、心傾くかもしれない。

このように、環境の良さやストレスの少なさと、やりがいのアピールのバランスは、本当に難しい時代となった。このナイーブなバランスは、すでに入社し、ともに働いている若手にとっても変わりない。

大事にしたいからといって、日常的に「無理しないでね」、「今日はもういいよ」といった姿勢が続くと、仮に若手本人が「本当はこういうことがやりたいのに」と思ったとしても、そのことを言い出す機会を失い、「ゆるブラック」と認定し会社を去ってしまうかもしれない。

かといって、自分からぐいぐい主張してくるようなことはない。

あくまでも、会社や上司が「適度な成長機会」を与えてくれるのを待ち、その加減を評価していたいのが、今の多くの若者のスタンスだ(なんと、めんどくさいことでしょう)。

それでは、このように一見仕事に意欲的で、ホワイトな職場に温かさを感じるような(でも主体的な行動はとらない)若者と接する際に気をつけるべき点はなにか。

僕からの提案としては、時には温かさだけではない、熱い想いや努力の必要性を、あなたから語ってみてほしい。

例えば、「今日はもう終わりだけど、おれはちょっと残業してくわ。やってみたいことがあってさ」と、さりげなく語ってみてはいかがだろうか。

「ようやく空き時間ができて、これで好きなことができるぞ」というオーラをまとうイメージでお願いしたい。

「あれ、今先輩『やってみたいこと』って言った? 仕事って前向きに取り組むこともあるんだ……」という印象がインプットされれば、もう十分。ほんの少し仕事に対する見方も変わってくるかもしれない。

提案③：これまでの非合理を見直す姿勢と勇気を

若手の早期退職に対する対策については、すでに多くの人事部で相応の対応（と相当の努力）をしていることと思う。だがお気づきの通り、これはもう人事部だけでどうにかなる課題ではない。

日本企業の多くは、依然として業務範囲があいまいで、努力や成果と評価との関係も、やはりあいまいだ。

そういう環境の中で上役が取り得るチーム作りの方法として、雰囲気を重視しようとするのは当然の帰結だ。始まる前は「みんなでがんばろう！」、終わったら「みんなお疲れさん！」と和気あいあい、笑って過ごすことができる。

ただ、その笑いの陰で「何かがおかしい」、「雰囲気だけであいまいなことばかり」、「自分の居場所はここじゃないかも」と感じている若者は確実に存在している。

そしてそんな若者こそ、最も辞めてほしくない人材である可能性が高い。小さい頃から聞かされてきた「いつまでも初心を忘れないように」、「自分の考えや感性を大切に」という大人からのメッセージを、地で実行できている貴重な存在だ。

彼らが去った後に残るのは、自主性が低く、指示待ち中心で、メンバーシップに依存する量産型新入社員ばかりかもしれない。


そこで、僕からまた1つ提案がある。

そうなる前に、今まで「当たり前」とされてきた非合理な文化を1つずつ見直すべきだ。

最終的には全社的取り組みが必要になるが、人事部だけ、あるいは事業部だけででできることもあるはずだ。

少し前なら、「うちはそういう会社じゃないから」、「これは社長のご意向だから」と笑って流していたようなことも、若手にとっては大事なことかもしれないのだ。

実際には、着手したとしても効果が得られるまでは時間がかかるし、途中で断念せざるを得ない案件も出てくるだろう。

しかし、そのこと自体は問題ではない。ここが僕の提案のポイントだ。

社会の不自然・非合理に対し、「それっておかしいですよね」とSNSで指摘する著名人が、多くの若者の支持を集めている様をすでに見ていることと思う。

社内でも、少なくとも非合理は見直していく、という姿勢を見せ続けることが、意欲ある若者の共感を得る。

念のために申し上げるが、僕は「若者を厚遇せよ」と言っているのはない。あくまでも、社内にはびこる過去の遺物的な非合理文化を見直し、公平性を追求する姿勢を持とう、という提案だ。

上の空気に流されず、「それっておかしいですね」、「ちょっと見直してみませんか」と動き出そう。同一組織に長くいる人にとっては、勇気のいる行動だと思う。

「言うは易く行うは難し」であることはよくわかる。

だからこそ、ぜひ若手にカッコいいところを見せてほしいと思う。

提案④：「泥臭く前に進む姿」を見せよう

突然で恐縮だが、今あなたを30代以上と想定しよう。実際に40代ならそれでも構わないし、50代でももちろん問題ない。ただし、定年を迎える前としたい。

そして、20代の人と対話しているとしよう。

場所やシチュエーションはどこでも構わないが、ある程度「ふたりきりで話している感」は強めの設定でお願いしたい。例えば、居酒屋のカウンターでもいいし、公園のベンチでも構わない。

そこであなたは、20代の若者にこう言う。

「今、この年になって後悔していることが1つあって。それが、若いときにもっと挑戦しておけば良かったなぁ、ってこと。だから……」

はい、ここでストップ。

ドラマでも出てきそうなセリフだが、こと若者側から見た場合、このあとのセリフとして、あなたは2択を迫られている。

言葉づかいや表現が人それぞれになるのは当然だが、ここにいる20代の若者の立場から見ると、あなたは次の「A」と「B」のどちらかの方向へ進むことになる。

まずは「A」から。

A：「だから……。だから、君には自分のような後悔はしてほしくない。今だからやれることはたくさんあるよ。だから、がんばれ！」

僕自身は、この「A」のセリフをカッコいいと思う。クールで、ちょっと悟っている感じ。

それはさておき。続いて「B」を。

B：「だから……。だから、もうしょうがないから、今から始めようと思って。さっき本屋さんに行って、入門書10冊くらい買ってきてさ、今ちょっと読み始めてるんだけど、これが結構面白くてさ……」

いかがだろう。僕的には「B」はちょっとダサい。なんというか、もっさい感じ。少なくとも僕はそう感じる。

が、どうやら今の若者は僕とは違った印象を持つらしい、ということがわかってきた。

これまで、この2択の話を、何人もの学生にぶつけてみた。聞き方は様々なので、きれいな統計にまとめることはできないのだが、結果として、多くの学生が「B」を支持する、ということがわかってきた。

「A」と「B」、どっちに親近感が沸くか、どっちと一緒に働きたいか、どっちがカッコいいと思うか。

色んな聞き方をしたが、約8割の学生が「B」を選んだ。

結果を冷静に解釈するとこうなる。

まず「A」は、どんなにカッコいいことを言っても、最終的なベクトルは若者へ向かう。若い君が、がんばれ。それが結論だ。

こうなると、若者のリアクションは、いつも通りの爽やかで、若者らしい演技とテンプレートになる。

「いい話、ありがとうございます！　これからがんばりたいと思います。今日はありがとうございました！」

これでその場は一件落着。

他方、「B」はどうか。

まず、変なベクトルが若者に飛んでいかない。がんばる主体はあくまで語り手である先輩だ。だから若者は「圧」を感じない。

より大事な点として、この1on1は若者が主役になってない。

若者にとって、その場・その時間が自分中心なのか、相手中心なのかで心境は大きく異なる。これは多くの人にとってそうだろう。

それに、学生にこの2択を示すときは、この先輩を「一定の実績のある先輩」と規定している。学生の中には、改めてそのことを確認する人もいた。

「え、この先輩、それなりにできる先輩なんですよね？　なのに簿記3級とかの勉強を一から始める、みたいな設定ですよね？　それってすごくないですか？」

別の学生は、こうも言っていた。

「そういう先輩がいたら、ぜひお手伝いさせてほしいって思うかも。まだ就職してないので何とも言えないんですけど、私は残業とかはあまり気にしないと思うので」

僕はここに一筋の光を見出している。

日本において世代間のギャップを埋める1つのヒントが、ここにあるのではないか。先輩世代（つまり皆さん）が望む姿や未来像とは少し違っているかもしれないが、それでも「ともに前へ進む」ための1つの方法としての光。

今の若者は現役選手しか尊敬しない。そして、若者にとっての「現役」とは何なのかを、ぜひ想像してほしい。

飲みニケーションが真価を発揮するとき

　ここで世代間を越えたコミュニケーションについて、皆さんがなんとなく思っていることを1つ、はっきりとさせておこう。

「最近は、コロナとかハラスメントとかのせいで、すっかり飲み会の場が減った」

「いや、仮にコロナがなくて、飲む機会が減らなかったとしても、それを機に世代間の関係性が深まるなんてことは、最近はないんじゃないかな。今の若者は飲み会の場だからって心開いたりしないと思うよ」

　なんていう会話が、あったりなかったり。

　30代以上の皆さん、せっかくだからここで僕と約束してみませんか？

　もし若手と飲み会に行くときは、彼らが行きたいと思うまで待つこと、というのはどうでしょう？

　若手の中の元気な1人が言い出すだけではなく、若手の半数程度がそう感じるまで待つこと。

　その半数も、「まあ行ってもいいかな」という程度ではなく、「ぜひ、じっくり話したい」と思うレベルまで待つこと。

なぜ半数程度なのかというと、誰か1人が言い出せば、自分の意思とは関係なく便乗しておくのが正解と考える若手が多いためだ(そんなときは、言い出した1人との「さし飲み」を強く推奨します)。

どのような形であれ、とにかく若手からそのような話が伝わってくるまで待つこと。若手にとって、一緒に食事や飲み会をしたい(してもいい)と思う対象は、大きく分けると2通り。「無害な人」と、「興味がある人」。

割合的には、圧倒的に前者の無害系が多い。ただ今は、後者の興味の対象となる人の話をしている。

いい子症候群の若者たちにとって、仕事に熱意を持った上司や先輩は怖い。それだけで圧になる(第9章で見た通りだ)。

しかし、それには前提条件がある。圧になるのは、若者に対峙した上司や先輩社員たちだ。

対峙とは、向き合っている状況。そうではなく、同じ方向を向いた先輩たちはちょっとカッコいい。頼もしい。話したい。(もしかしたら)一緒に飲みたい。

ぜひそう思われるまで、飲みニケーションは温存しませんか。

そしてその日が実現した暁には、あなた自身の素直な気持ちを語ってあげてほしい。それはもちろん、盛りに盛った「武勇伝」ではない。

では何を語るか。もし今から準備していただけるのなら、次の質問に対する回答を、あなたの後輩のために用意してあげてほしい。

問①：あなたは今の仕事が好きですか？
問②：あなたは今の仕事の、どこの、何が、どれくらい好きですか？

部下にとっての「最恐の上司」とは？

以前、学生たちと「どんな上司が一番怖いと思うか」について議論を重ねたことがある。

世の中には、理想の上司像や、避けたいと思う上司像に関するアンケートはよく見るが、怖い上司像というのはあまり存在しない。

ということで、学生たちを集めて検討した。4限（4コマ目）の終わりに、空き教室を確保して、椅子と机を動かして。お菓子を買い込んで。

簡潔に結果を見ていこう。

真っ先に出たのは「怒る上司」だった。

それに続いたのが「気分屋。機嫌がコロコロ変わる上司」。

まだちょっと物足りない。僕はもっと彼らの本音を引き出したい。学生が買ってきてくれたチョコパイを食べながら、とにかく質問する。

そもそも怖いって何だ？

「確かに。何だろう？」（全員）

「例えば金間先生は怖い側だよね（女子）」

「そうかなあ（女子）」

「いや、間違いない（男子）」

「でもチョコパイ食わせとけば大丈夫（男子）」

とか言っている。居心地が悪いので、質問を続ける。

そういえば、後輩も怖いんだっけ？

「それこそ間違いない（男子）」

「特に仲良くなる前。自分らより頭良さそうだから（女子）」

「金間先生」と「後輩」が怖いラインの同一線上に並ぶのは、全くもって合点しがたい。

しかもその対策が、金間先生→チョコパイ、後輩→仲良くなる、という結論にも納得しがたい。

そう思っている間に議論は進み、最終的に浮上したのは「最も怖い上司＝頭のいい上司」だった。

どんなに人柄が良くて、普段は優しかったとしても、「頭のいい上司に、仕事中に話しかけるのは緊張する」というのがその理由。

ちなみに、学年や性差を考慮し、メンバーとお菓子をチェンジして実施した2回目の検討会も、ほぼ同じ結果になった。

その際の（2回目の）結論は「完璧な上司」。

理由は1回目とほぼ同じなので省略する。

今、「（頭のいい上司に）仕事中に話しかけるのは緊張する」と書いたが、これは学生ならでは、というわけではないらしい。

101ヒアリングでは、「多忙そうな上司に対し、口頭で報告したほうがよさそうな案件があるとき、あなたはどうするか」という問いを立てた。特に若手の回答には次のような例があった。

- 報告したい案件があるので、上司から声をかけてもらうようメール（チャット、メッセージを含む）をする
- 今、報告してよいかメール（チャット、メッセージを含む）をする
- どのようなタイミングで行くのがいいか、先輩に確認する

仕事のわりにはずいぶん遠回りだ。

もちろん「すぐに報告する」という人もいたが、明らかに少数だ。印象としては、特に1つ目を選ぶ人が多かった。

僕は問いの中に「多忙そうな上司に対し」と、あえて1つ壁を設けたが、これを取り除いたとしても、似た結果になっただろう。そもそも人は、何かをしているだけで（例えばスマホを見ているだけでも）忙しそうに見える。

この話、きっと上司や先輩であるあなたも、部下と似た態度を経験しているのではないかと推測する。そんな態度を見てるから、「いつでも来ていいからね」と、あえて伝えておいたりして。

僕は皆さんと会ったことがない。

でも僕が想像するに、部下から見たあなたはきっと優しい。気分屋でもない。

それでもなお、若手があなたに報告するのをためらう理由は何か。

それは、あなたが「優しくないから」でも「気さくじゃないから」でもない。

それは、あなたが「ちゃんとした上司」だからだ。ちゃんとした上司は頭が良くて完璧だ。だから部下は、とにかくチェックされるということで頭がいっぱいになる。

それだけでもう「怖い」と感じる。

あなたがどんなに開放的で、オープンな空気を作っても、仕事となればきっと関係ない。

だから若手は「報告に行くのは怖いので、向こうから来てほしい」と言う。

「何を甘いことを」と思う読者も多いかもしれないが、僕は（本書全体を通して）若者の立場でものを言っている。

自分からは動かず、とにかく待つ。締切りが来ても、話しかけられるか、メールをもらうまで待つ。

すぐドアの向こう側にいるのに、「報告したいことがあるので、お手すきの時にお声がけ下さい」とメールを入れる。

これがいい子症候群の若者の感覚だ。

提案⑤：「ちゃんとした上司」をやめよう

そんな部下を持つあなたに提案がある。

失敗を見せよう。

間違って、ずっこけて、慌てて挽回しようとしているところを見せよう。

それを丸ごと共有しよう。そして、手伝ってもらおう。

もちろん、わざと失敗しようと言っているわけではない。だから、「私、失敗しないので」という人は、この提言は無視して構わない。

それ以外の皆さん、どうですか？　できますか？

そんなの、プライドが許しませんか。意外とできない上司、と思われるのは嫌ですか？

その気持ち、とてもよくわかる（僕はクールで渋くてカッコいい教授を目指してます）。

でも、僕は今、若者の立場で語っている。

もしあなたが「ちゃんとした上司」で、かつ一度も失敗しないような「頭のいい、完璧な上司」なら、部下は怖くて失敗できない。小さなそれすら、きっとできない。部下は、「仕事って絶対間違っちゃいけないものだ」と認識するからだ。

だから、そもそも間違いそうなことには、最初から手を出さなくなる。

10の指示をされて、本当は11で返せる可能性があったとしても、＋1のリスクはきっと取らない。

10の指示をされて、9.9まではできたとしても、残りの0.1まで正解できなければ、きっと報告しない。

繰り返すが、わざと失敗する必要はない。

もしあなたが「あ、間違えた」と思う事態に陥ったら（あるいは陥りそうになったら）、あなたの経験と能力と努力で即挽回せず、部下や後輩にも助けを求めてみよう。

きっと彼らは力を発揮する。

上司や先輩たちにとって1on1は「未知の領域」

1on1を受ける部下や後輩の人たちに向けて、上司や先輩たちが言いにくいことを1つ、彼らに代わって僕がバラそう。

冒頭で記した通り、日本国内で1on1という仕組みが広く浸透したのは、ほんの数年前だ。

当然それまでは、少なくとも明示的な仕組みとしての1on1は存在していない（当たり前）。

したがって今の上司や先輩たちは、誰からもやってもらったことのない1on1を、わずか数日受けただけの研修の知識だけでやろうとしているのだ（これも当たり前）。にもかかわらず、アドバイザーとかメンターとか、聞いたこともなかったような役割を、さも普通にできるような体でやらされようとしている（ここが不自然）。

特に40歳以上の人たちにとって、コミュニケーションに関するスキルや知識を体系立てて学ぶような機会は全くなかった。「社内コミュニケーション」とくくられるもののほとんどは、現場での経験をベースに習得してきたものだ。

むろん、そこに体系立った理論や洞察を入れる余地も発想もなかった。

そもそも、敬語すらちゃんと使えないまま就職しているのだ。昔の大学なんてそんなものだ。皆、自分の大学を「アミューズメントパーク」って呼んでいた（ですよね）。

新入社員研修で名刺交換やお辞儀の仕方を一通り学んだら、あとは現場で覚えるスタンスだった。

それが今や、大学2年生くらいになると普通に「承知しました」などと言っている。そんなコミュ力抜群の20代に向かって、「今日から自分が君のメンターだから」なんてクールにかましている滑稽さよ。

結局、僕は何をバラそうとしているかというと、1on1でうまくコミュニケーションが取れない、相手の素直な気持ちや考えを引き出せない、と悩んでいるのは、何よりも上司や先輩たちだということだ。

1on1は若手だけではなく、上司や先輩にも学びがある。どうか、双方の学びの場として、部下や後輩である皆さんの力を貸してほしい。

1on1は、上司や先輩にこそ学びがある

おそらく多くの人が誤解していると思う。

1on1を実施するのは会社ではない。上司や先輩であるあなただ。仕事なのでやっている、と思っているとしたら、あなたの部下はかわいそうだ。

1on1で見られているのは部下ではない。あなただ。評価されているのもあなただ。

1on1で成長するのは部下ではない。あなただ。あなたのために部下は時間を割いている。

1on1で助けられているのは部下ではない。あなただ。部下はあなたの部署をより良くしようと働いてくれている。

これらのことを、僕は今回の調査研究の過程で多くの人から教わった。

もう1つ、コミュニケーションに関する誤解があると思う。

本来、仕事中の対話の多くは1on1だ。現場のほとんどは1対1でコミュニケーションしている。

だから経験は十分ある。特に「客観性」、「論理性」、「合理性」は得意分野である人が多い。

足りないのは内省のほうだ。特に「主観性」、「感覚性」、「共感性」に関する振り返りが足りてない。かつてのビジネスにおいては、それらは排除すべき要素だったのだから当然だ。

そこへ会社や人事部から、コミュニケーションに関するマニュアルが届く。「主観や感覚に注意せよ」、「あなた独自の解釈は危険です」と書いてある。「すべてはハラスメントになり得る」とも書いてある。

人事部は自己保身のために社員に窮屈を強いているわけではない。社員を守ろうとしているだけだ。

だけどこれでは、ますます人の心について考えるのをやめてしまう。どうか、考えることだけはやめないで欲しいと思う。

1on1はファスト・スキルでどうにかなるものではない。ちょっと本を読んだり動画を見ただけで身についたスキルなど、生身の人間相手に通用するわけがない。

ぜひあなたの主観や共感を大事に、大切に育んで欲しいと思う。

若手との対話では、きっとそれが武器になる。

〈著者略歴〉

金間大介（かなま・だいすけ）

金沢大学 融合研究域融合科学系 教授
東京大学 未来ビジョン研究センター 客員教授
一般社団法人日本知財学会 理事

北海道札幌市生まれ。横浜国立大学大学院工学研究科物理情報工学専攻（博士）、バージニア工科大学大学院、新エネルギー・産業技術総合開発機構（NEDO）、文部科学省科学技術・学術政策研究所、北海道情報大学経営情報学部、東京農業大学国際食料情報学部、金沢大学人間社会研究域経済学経営学系、2021年より現職。博士号取得までは応用物理学研究室に所属し、表面物性の研究に従事。博士後期課程中にバージニア工科大学へ渡米し、新規開講科目だったイノベーション・マネジメントに魅了され、それ以来イノベーション論、マーケティング論、産学連携論等の研究を進める。また「イノベーションのためのモチベーション」研究も遂行しており、教育や人材育成の業界との連携も多数。主な著書に、『モチベーションの科学 知識創造性の高め方』（創成社）、『イノベーション&マーケティングの経済学』（共著、中央経済社）、『イノベーションの動機づけ：――アントレプレナーシップとチャレンジ精神の源』（丸善出版）、『先生、どうか皆の前でほめないで下さい：いい子症候群の若者たち』（東洋経済新報社）など。

本書は、『Voice』2023年3月号～23年8月号の連載「考えさせたい大人、答えが欲しい若者」に書き下ろしを加え、改題し、加筆・修正したものです。

装幀・本文デザイン――小口翔平＋後藤司（tobufune）
図版作成――WELL PLANNING（赤石眞美）
装丁イラスト――ふみふみこ
連載担当――中西史也
編集担当――野牧峻

静かに退職する若者たち

部下との1on1の前に知っておいてほしいこと

2024年2月5日　第1版第1刷発行
2024年3月28日　第1版第3刷発行

著者　金間大介
発行者　永田貴之
発行所　株式会社PHP研究所
東京本部　〒135-8137　江東区豊洲5-6-52
ビジネス・教養出版部　☎03-3520-9619(編集)
普及部　☎03-3520-9630(販売)
京都本部　〒601-8411　京都市南区西九条北ノ内町11
PHP INTERFACE　https://www.php.co.jp/

組版　有限会社エヴリ・シンク
印刷所　大日本印刷株式会社
製本所　東京美術紙工協業組合

 ISBN978-4-569-85652-0

PHPビジネス新書

「対話と決断」で成果を生む

話し合いの作法

中原 淳 著

「形だけの対話」から脱却し、チームで成果を生む「話し合いの作法」とは？　言いたいことが言い合える職場・組織をつくる全技法！

定価 本体一、〇五〇円
（税別）